讓寫作成為自我精進的武器

透過寫作，打造個人影響力，讓機會自動找上你

寫作教練 師北宸——著

推薦語

我常常以為，寫作是一種輸出知識的過程。但北宸用他的作品告訴我們，寫作也是一種學習，是一種個人成長的方式。期待大家能從寫作中發現自己、突破自己，成為互聯網社會的核心人才！

——後顯慧（Luke）　三節課創辦人兼CEO

「有品質的寫作，是最高效的社交。」如果你想學習寫作，如果你也認同寫作的原則是「遵從本心，照料他人」，那麼推薦你讀讀這本書。

——何德文　七八點股權設計創辦人

最近兩年讀了兩百多本好書，促使我讀書的貴人主要有兩位，一位是樊登老師，另一位就是師北宸老師。

——張善風　善風心智網創辦人

剛開始翻這本書時，你會注意到很多場景的實用寫作技巧，深入挖掘後，你會發現背後有一個共通的寫作法。但是仔細去體會，其實這是一本很細膩地講述關於人的書。願這本書能讓寫作這件事成為打開你心扉的一把鑰匙。

——王浩之　速溶綜合研究所創立人

北宸是一位優秀的教育者。他的作品和他的人一樣，會給人勇氣、智慧和力量。

——吳雪鈺　應用語言學博士

教寫作套路的人太多了，但能讓寫作成為認識自我的工具、直接導向行動的，僅有師北宸老師這一份。

——鄭廷鑫　新東方「精雕細課」總編輯，《南方人物週刊》原編務總監

寫作能力理應是我們的核心競爭力之一，因為它不僅是一種「高性價比表達」，也是一種「一對多溝通」。希望從這本書開始，你能擁有這種超級競爭力。開卷加油！

——李倩　行銷專家，「李倩說品牌」社群創辦人

寫作是提高時間複利非常好的方式，運用本書傳授的寫作底層方法論，提高作品的穿透力，最終提高人生轉化率！

——陳勇　「轉化率特種兵」，南孚電池、「花點時間」行銷專家顧問

推薦序

讓師北宸教你如何清晰表達與高效溝通

李柏鋒
INSIDE 主編
Hahow《職場寫作課》講師

師北宸老師的《讓寫作成為自我精進的武器》這一本書，嚴格來說並不是一本寫作的教學書，但我卻很推薦想要透過寫作來建立個人品牌的人好好閱讀，因為這本書的確能幫助讀者更順利進入寫作的世界！為什麼我這麼說呢？

首先，師北宸老師在這本書中的五個章節裡，只有最後的第五章是在教讀者如何寫作，前面的四個章節分別告訴你「為什麼」要寫作、寫作有什麼好處：高品質社交的利器，以及我個人收穫最豐富的第三章，把自己「賣」出去，不但教你怎麼寫自己的說明書，更教你怎麼自我介紹，還有第四章教你如何精進自己。簡單來說，這本書有八成的篇幅都在做一件事情：把你準備好成為一位寫作者。

第二，最後一章是師北宸老師經典的「萬能寫作法」，這就是唯一對於寫作的教學，你甚至不會看到標題如何寫、金句如何設計的內容。但請不要誤解，認為只教一種寫作法，好像這本書就沒有價值，或是認為那就直接看第五章就好了。反而就是這樣的篇幅安排，讓我更推薦這本書，因為這不只是一位會寫作的人所寫的寫作書，更是一位會教學的人所寫的教學書。

我自己也從事職場寫作的教學，所以很清楚教學上有兩個很大的門檻，如果沒有突破，那麼教學的品質將會很低落。第一個門檻是在教學之前，要先把學生準備好，包括讓學生知道為什麼要學寫作、寫作有什麼好處、經典的成功案例有哪些。我必須要說，師北宸老師在降低這個門檻的努力，是培訓專業的人一定看得出來的，而且成果非常好。

第二個門檻則是在教學之後，要讓學生願意練習，不然學再多的知識、技巧和態度，不練習的話肯定不會有任何成長，甚至才學過的東西馬上又還給老師了。說真的，要透過一本書來讓學生願意辛苦練習，難度非常高，這大概是為什麼即使師北宸老師把萬能寫作法都公開在網路上了，但是他的寫作營仍然非常受歡迎，因為知道不代表能做到，課程還是有其存在的必要性。

我自己深深受惠於寫作所帶來的許多機會，因此非常清楚寫作不但是最好的自我投資，寫作更是自我精進的武器，如果你也很清楚寫作能對你帶來的改變，我衷心推薦你閱讀師北宸老師的這本好書，如果你還不清楚為什麼寫作很重要，那麼師北宸老師的個人經歷以及書中所列舉的許多案例，將可以清楚讓你了解，為什麼在現代快速變化的職場中，寫作愈來愈重要。

推薦序

時代很偏心，獨厚會寫作的人

歐陽立中
暢銷作家
爆文寫作教練

我永遠記得這一天：二〇一七年九月二十八日，我照例每天寫一篇文章，發在臉書上，只是我沒想到這篇文章，在網路上爆紅，讚數飆升、分享破萬、甚至出版社直接邀請我出書，一圓我的作家夢。

我到底寫了什麼？我寫了一篇「高中國文教學文」。那時，我教的課文是荀子《勸學》，但特別的是，我把全班帶到戶外廣場，進行一場「搶飲料」的遊戲，只是這是一場註定「不公平」的競賽。

在競賽開始前，我問了他們十道問題。前七道題目跟「背景」有關：「你是雙親家庭嗎？雙親家庭的往前一步，不是的往後一步。」「你們家的房子是自己的嗎？是的往前一步，不是的往後一步。」；後三道題目跟「努力」有關：「從小到大班太維持前十名的向前一步，不是的往後一步。」「每個禮拜有閱讀課外書的向前一步，沒有的向後一步。」

有人起跑點在前、有人在後，最後同時出發搶飲料。想當然耳，多半是家庭背景好的搶到飲料。但我真正的目的是什麼？我告訴孩子們：「人生本來就是一場不公平的遊戲。有人家境富裕，有人清寒度日。你可以大喊不公平，但遊戲不會因此停止，唯一可以逆轉的方式，叫做學習。」

是的，我透過「體驗衝擊」的方式，讓原本平實嚴肅的〈勸學〉，住進了學生的心中。我把整個教學過程，寫成這篇文章〈為什麼要學習？人生起跑遊戲〉。沒想到，這篇文章影響成千上萬的人，也扭轉了我的人生。

因此，在讀師北宸《讓寫作成為自我精進的武器》，我一路點頭如搗蒜，好多篇章，讓我想起熟悉的經歷；好多字句，都扎中我的心。寫作，永遠是讓人相見恨晚的技藝。

相較市面上的寫作書，多講寫作「套路」和「模組」，偏重「即學速成」。但《讓寫作成為自我精進的武器》卻深談「學習」和「真誠」，側重「穩紮穩打」。這之間沒有誰優誰劣的問題，但在寫作大行其道的當代，我真切希望推廣後者的價值。

為什麼呢？當你寫作渴求關注，學了勾人注意的「下標法」，讀者被你引進來，卻發現內容平淡無奇。最後，你成為騙關注的「標題黨」；當你寫作渴求爆紅，學了添油加醋的「故事法」，讀者信了你的故事，卻發現你杜撰的多、真實的少，結果，你成為招搖撞騙的「鬼扯派」。

師北宸不教你譁眾取寵，教你做最真實的自己。以「學習」為始，以「真誠」為終。

先從「學習」說起吧！師北宸說要學寫作的關鍵，在於做靈感的捕手，要養成「日記和筆記」的習慣。日記必須包括「當天任務」和「自我反思」，這才能讓寫作者意識自己每天的身心狀態，可以抒發情緒，但不能沒有反思與行動，否則就變成抱怨，無益於成長。筆記就是你的外接硬碟，很多人不是沒有靈感，而是靈感來了以為自己記得住，最後讓它白白溜走。因此師北宸隨身帶筆和本子，不論是讀書、交談、聽課，他都保持隨時記錄的習慣。

再來說「真誠」吧！書中有個小故事我很喜歡，師北宸開設「寫作訓練營」，學員非常多，你一定認為是因為他很會講吧！錯！是因為他很「真誠」。他知道自己內向敏感，講課也不是那種滔滔不絕型的。所以他跟學員這個介紹自己：「我是一個極其內向、敏感、害羞、緊張、慢熱而又不按常設教的人，我曾經在一場兩個小時的企業內訓中，花了一個半小才進入狀態。……你如果喜歡那種特別有激情的課堂，可能會覺得這堂課讓你有些不適，還請多多擔待。」很神奇，當他坦然說出自己弱點後，學員反而更死心塌地追隨。很多時候，我們習慣用文字武裝自己，想在讀者面前光鮮亮麗。但師北宸一語道破：「讀者不需要你完美，而需要你誠實。」

當然，除了「學習」和「真誠」外。關於寫作的「技巧」，這本書可也沒少教你。像是教如何用文字引起對方興趣，就靠對比、衝突、懸念；如何用文字取得關係的主動權，就要利用「反轉原則」；如何用寫作規劃職涯發展，就得會「A－B－Z計畫」。師北宸既傳寫作之道，也授寫作之技。

如果說，演講是外向者的絕招，那麼寫作，就是內向者的武器。專注持續地寫出好文章，套句師北宸說的：「好文章會走路，會讓別人主動找上你。」我和師北宸，一個外向、一個內向，但都靠寫作扭轉了人生。你願意給自己一個機會嗎？

推薦序

重新理解寫作的意義，你沒有理由不寫作

劉奕酉
職人簡報與
商業思維專家

我是討厭寫作的。

但是為了拓展個人品牌，我不得不寫。從半天也擠不出一百個字，到一週產出一篇三千字的文章，然後是一年內出版了兩本書，我花了兩年的時間，也算小有成果。

我發現，我愛上了寫作，甚至每天會花兩小時在寫作上。

不只是因為寫作可以為我帶來更多機會，雖然這是顯而易見的好處；但更重要的，是寫作讓我看見了自己的優勢與劣勢、盲點與誤區，我知道如何揚長避短、找到自己不足的地方與成長的方向。就如同師北宸的這本書名所說的：寫作成為了自我精進的武器。

如果我知道寫作的意義與價值，我想我會更早一些開始寫作的。

師北宸說到他的寫作方法非常簡單，而且取了個「萬用寫作法」一聽就很威的名稱。我認真算了算，他一共只用了九頁來說明這個寫作方法。

出乎意料的簡單！但在我看到師北宸描述萬能寫作法的這段話，我笑了！

「我把一個具備『觀點、案例與總結』這三個元素的段落組合稱為一個完整的寫作單元。一篇文章，就是若干個寫作單元的匯總。也就是說，我們可以用模組化方式撰寫一個一個的寫作單元，並像玩樂高積木一樣，把它們組合起來，形成一篇完整的文章。」

哈！這不正和我的模組化簡報完全一樣的概念嗎!?

你可能會想：那這本書還值得買嗎？當然值得，而且如果你曾經買過許多寫作技巧的書籍，卻仍然感到沒有進步、連提筆都覺得痛苦的話，我建議你應該好好閱讀這本書。

許多人不會寫作，或是無法持續寫作，有兩個原因。第一個原因，是動機不足，如果不是靠寫作維生、或是為了建立個人品牌，就很難養成寫作的習慣，更別說持續進步了；第二個原因，是寫到懷疑自己能不能寫，覺得無法寫得像別人一樣好、一樣快，所以放棄了。

師北宸在書中點出了問題出在大多數人對於寫作的認識，都來自學生時期寫作文的體驗，這種不好的經驗回憶殘留到成年，自然不會對寫作產生好感。此外，認為寫作只有文學寫作的刻板印象、寫作書中難以實踐的技巧，也阻礙了想要學好寫作的意願。

事實上，大多數人的寫作場景都是非文學寫作。舉凡溝通表達、會議紀錄、讀書心得與工作報告等都是屬於非文學寫作，而且人人都需要有更好的能力。

正因如此，師北宸花了相當多的篇幅在說明寫作的意義與本質，目的就是為了建立讀者對寫作的信心與信念，光是這一點就和訪間所有的寫作技巧書籍很不一樣，特別推薦給不懂寫作或害怕寫作的人閱讀。在理解了寫作對於個人的意義與價值之後，我相信你沒有理由不寫作。

師北宸說：把自己推銷出去，是你一輩子都在做的事情。

對於想要打造個人品牌的人來說，一個既簡單、又能吸引注意力的自我介紹尤為重要。師北宸對於個人品牌是這樣描述的：

你是一個產品，也是一個黑盒子。

你這個黑盒子的使命是創造價值，而且你總得做點什麼，讓這個目的得以實現。除了埋頭做點什麼，你更得讓周圍的人知道你能做什麼。

在我成為自雇者之後，我得學著把自己推銷出去。學習如何自我介紹、如何向他人分享我的專業、如何產出內容讓人看見我的價值。

寫作可以實現一份時間多份賣的槓桿效益，同時實現個人品牌溢價。會有更多人認識你、認知到你的價值，提供更多合作的可能性，這也為你帶來了更好的議價空間。

同時，寫作能創造出專屬於自己的機會，不需與人競爭，讓別人主動來找你。只要持續地輸出自己的觀點、想法與喜好，就可以吸引來志同道合的讀者，不需要社交行為就能獲得高質量的社交結果。對於像我這樣擁有專業，但不善社交的內向工作者來說，再適合不過。

除了自我介紹之外，寫日記、做筆記和工作週報，都是一種自我反思的過程，也是寫作的練習。雖然不容易，但只要持之以恆的去面對，就能讓我們變得更好。

如果你問我，寫作的意義是什麼？

我想借用師北宸的話：幫助他人、成就自己，讓彼此都更好。

推薦序

寫作是自省的工具

——趙嘉敏
譯言網創辦人

很榮幸能為北宸的新書做推薦。

二〇一一年春節過後，北宸跟我說，他要去東莞待上一年，什麼都不幹，就是讀書、寫作。然後，他就真的揮一揮衣袖，飄然南下了。

一年後，我在《紐約時報》中文網上讀到了北宸寫的文章，很是驚喜。他的文章立論清晰、論證嚴謹、邏輯層層遞進，頗有西方科技專欄文章的味道。說實話，我還沒見有哪個國內科技專欄作者能夠寫出類似水準的文章——即便今天也是如此。所以，說他是國內最好的科技專欄作者之一，並不為過。

這些年，北宸和我每年都會見上一兩次面。他從東莞回到北京後的經歷非常豐富——混過創投圈，加入過明星創業團隊，也為國際知名互聯網企業在中國做過公關。但我一直有個感覺，寫作才是他的真愛。

大約兩年前，北宸告訴我說，他在籌備寫作訓練營。在那之前，他已經做了幾期線上課程。每次課程結束後，都會有很多學員給他寫信——除了感謝，學員們還會講講自己的故事。我很喜歡聽北宸轉述這些故事。它們並非什麼職場或成功學故事，更多的是學員們對個人經歷或情感的一種自省。這讓我意識到：真正的寫作，與其說是寫給別人，不如說是寫給自己。

在大多數時間裡，我們都處在一種慣性（或者說是惰性）之中：用熟悉的產品，做熟悉的事情；閒暇時翻看頭條資訊或娛樂影片，並隨手點贊轉發……這是一種低能量的平衡態。

但如果我們陷在這種平衡態裡，我們便會漸漸僅依賴經驗做事，久而久之會惰於思考。想要跳出這個平衡態，我們需要付出一定程度的努力。讀一本好書，或者和睿智的人做一番深談，都會有所幫助。不過，外來的幫助終究比不上內在的自省。我相信，自省是跳出這種低能量平衡態的必要努力。而寫作，就是一種自省的工具。

北宸寫這本書，也是他的一次自省。

願你在讀了這本書後，也開始把寫作當作一種自省的工具。

推薦序

寫作就像面對自己

——吳　翠
方圓教練學院創辦人
高管教練

我與師老師的相識始於「三節課」的第一次「了不起計畫」，作為那個專案的講課老師，我第一天講，他第二天講，我記得當天講完，他比學員還激動地過來和我說話，他說：「你講的東西我高度認同，你講人生覺察，我講寫作，但我們講的是同一回事。」

有幸聽了一次他的寫作訓練營課程之後，我才發現為什麼他的訓練營和我的教練課是一回事，這看似是一個寫作營，實際上是一個「看見生命」寫作訓練營，每個人的每一篇作業都有對自己很深的「看見」。看見自己的情緒、看見自己的想法，看見自己在重複著什麼模式，透過寫作看見自己的人生，療癒自己的曾經。

師老師是「一把鑰匙」的創辦人，我欣賞他對寫作的熱愛，更讚歎他對使命的堅持與執著。看到這本書，就彷彿看到了他努力追求的夢想和為之奮鬥的身影。當然，也帶給我一些思考與感悟。寫作對於我們到底是什麼？

著名作家喬治．歐威爾在《我為什麼寫作》一書中，將寫作動機歸納為四種：純粹的個人主義，簡單說就是以自我為中心，完全按照自己的方式寫作，專注於自我表達；美學的熱忱，可以理解為對文學中的藝術美感的追求，並因此想將之分享給他人；歷史責任感，渴望看清歷史的原貌，渴望挖掘真相並忠實記錄，以為後人鏡鑒；政治目的，即將文學作品作為政治的工具。

這個概念也許比較高大上，我認為寫作就像面對自己，你必須看見它、接納它、瞭解它、重視它、掌握它，才能與它和諧相處，才能將它運用自如。

寫作可以沒有聽眾，它是與自己的對話。你可以用方圓各異的拼圖，把心中的世界拼出來。寫作可以沒有目的，它是對生活的思考。你可以把行雲流水的想法，變成刻骨銘心的記憶。寫作可以沒有技巧，它是對感情的抒發。你可以把愛恨情愁的念頭，變成觸手可及的自己。

《三體》告訴我們，錄在光碟上的資訊不過百年，寫在紙上的資訊不過千年，刻在岩石上的資訊不過萬年，可是留在心裡的資訊不僅不會消逝，還會自行繁衍。

寫作不專屬於文藝工作者，它與我們的生活息息相關；寫作也不專屬於青年，中年、老年、兒童，每一個願意面對自己內心，願意把自己的世界展現給世界的人，都可以掌握它。我相信愈來愈多的人會需要寫作，熱愛寫作。

這本書將開啟你的寫作之旅，讓你透過寫作看見生命。

前言

二〇一七年九月的一天，我在香港中環誠品書店的推薦書架上看到一本英文書，書名*"How to Win Friends and Influence People"*吸引了我，直譯過來是「如何贏得朋友並影響別人」。當時我心裡想，很多國外的書都教人「如何做什麼」，而且書名往往很標題黨。

後來上網一查，發現這本書曾在盜版書攤風靡很多年。在國內，它被翻譯成了《人性的弱點》——看起來更加標題黨。

我小的時候在路邊盜版書攤就看到過，現在去逛書店也經常能看到它被擺在顯眼的位置。二〇一七年年底，我的系列寫作課程進入尾聲，一次出差時，我在候機廳的書店裡又看到了這本書。我從小就被植入了「這是一本『雞湯』圖書」的想法，「雞湯」如今並不是個好詞，因此我內心對它一直有著隱隱的抵觸和抗拒。但出於好奇，也因為怕在飛機上無聊，我買下了一本。

作為一名寫作者，關於一本書的作者有沒有用心、是否下足了功夫，看上幾頁我就能瞭解一二。剛打開讀前言，我就立刻感受到作者戴爾・卡內基先生的誠意和用心，並暗自有些羞愧——差點因為自己的固有思維錯過一本好書。

其實，《人性的弱點》中的道理，是一些很重要的常識，也是我們經常會犯的錯誤。比如卡內基先生在第一章第一節講的第一個故事——幾乎每一個進監獄的犯人都認為自己的行為是正確的，在九九%的情況下這些犯人不會因為受到懲罰而悔改。——批評與責備並不能給人帶來改變，甚至會招來恨意；相反，獎勵比懲罰更有效。

你瞧，這麼簡單樸素的道理，我在十幾歲的時候錯過，在二十幾歲的時候錯過，在三十多歲的時候才注意到。巧的是，卡內基先生非常謙遜，他說，別人很早就參透的道理「我卻摸索了幾十年才認識到」。

經過分析和思考，我知道了是什麼讓我之前對《人性的弱點》產生反感和抗拒。來看看目錄中的幾個標題吧。

○ 贏得他人喜愛的六個方式

○ 如何讓他人想你之所想

○ 成為領導者，如何改變他人

○ 幸福家庭生活的七個法則

作為一個曾經極其叛逆和自我的人，看到「贏得他人喜愛的六個方式」時，我內心想的是：「我為什麼要讓別人喜歡啊？做自己就好了。」如果當時的我願意多翻幾頁，就能看到在一個標題下他所講的道理：

作惡者怪罪所有人，卻從不悔過。世人皆是如此。下一次，當指責的話語即將脫口而出的時候，我們不妨三思。指責如同迴旋鏢，總會傷及自身。

二〇一八年，我開始創業，開設了「師北宸寫作訓練營」，即使以一個看起來擁有一定的懲罰權力，可以指導、批評和指責別人的「老師」的身分授課，我也極其克制，因為我非常討厭被別人指責與批評。我努力做到，如果不希望自己被如何對待，就不要那樣去對待他人。

當我讀卡內基先生的書時，我發現，他非常耐心地在講故事，然後用幾句簡單卻發人深省的話來解釋這些故事意味著什麼。我在寫作和講話中有時候不夠有耐心，而卡內基認認真真把故事講清楚，然後闡述其中的道理。我並不認為這是「雞湯」，相反，我認為這非常「實幹」——當然了，其實「實幹」也是在貼標籤——可能是因為自己對手藝人這樣的角色有高度的認同，而手藝人又專注於實幹，所以情不自禁將自我投射了進去（每個人最喜歡的其實是自己）。

很多人讀書只是隨便翻翻，然後就把書扔一邊，不做任何改變。這不是卡內基所希望看到的結果。他認為：教育的最大目的並非增進知識，而是增進行動。我的看法一樣，因此才寫下這樣一本旨在增進行動的書。

為了幫助每一位讀者更好地閱讀本書，我模仿卡內基先生寫下這篇前言。當然，我自己也是以此為標準讀書的。

我愈來愈認同一個觀點：你不需要學習。

這是美國國家訓練實驗室的一個結論：通過討論、實踐和教授他人的方式，學習內容的平均留存率

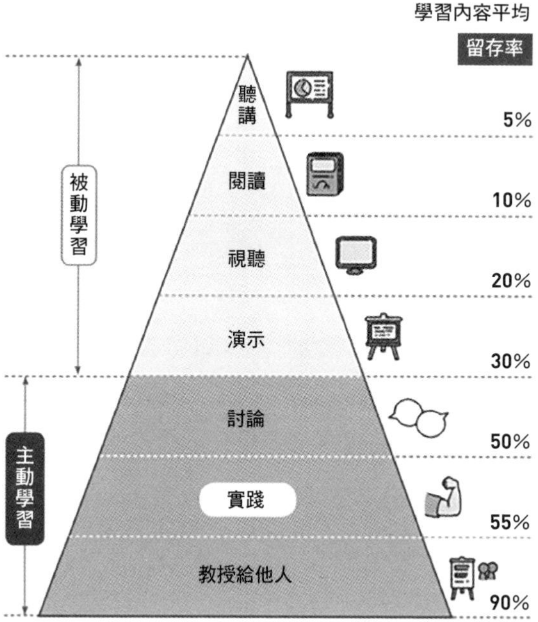

圖 a-1 學習金字塔圖

資料來源：國家訓練實驗室，美國緬因州（National Training Laboratories）

較高，最高能達到九〇％（見圖 a－1）。這樣的學習方式被稱作主動學習。

在傳統的認知中，學習＝聽講，學習＝讀書。但是聽講和閱讀的學習內容留存率，對應的數值只有五％和一〇％。

這也是為什麼我們周圍很多人，看似每天都花了大量時間去聽課和看書，真正掌握的東西卻沒有多少。

《心經》中有一句話叫「受想行識」，關於這四個字有一種解釋，我非常喜歡。

〇受：感覺、直覺

就是你所接收的新東西，包括新的概念、文化、原則、習俗、觀念、技巧、方法，等等。

〇想：概念

把接收的新東西在腦子裡認真想一想，看看有沒有道理。

〇行：發揮

在自己身上實踐，不斷修正自身行為，驗證最初接受的假設。

〇識：意識

通過行動，讓接收的東西形成認知或自我意識。

這也是人們常說的「知行合一」，你認同的理念，理應在行為上體現。當你學習新知識時，運用「受想行識」四個步驟，讓它指引你的行為，養成習慣，進而形成你自己的認知。

寫作既是一項技能，也是一種思維方式，更是一種與自我相處的方法。當你學會了技能，使其成為自己的思維方式，並且通過寫作學會更好地與自我相處、與他人相處、與這個世界相處時，你將終身受益。

有些人可能會問：如何將「受想行識」運用在實際生活中呢？

這本書可以從頭開始讀，也可以先從你感興趣的部分開始。我會解釋「為什麼」，也會講一講「如何用」。道術結合，心法與技法都提供。所謂「術」，也就是寫作技巧；而所謂的「道」，則是思維方式。剛開始你可能對「術」的部分，更容易理解；過一段時間之後，不妨再回頭翻一翻「道」的部分。

總的來說，養成或轉變某種思維方式，在短期內似乎更需要花費精力，但長期來看，它更省力。因為你的工作、生活中需要用到「寫作」的場景不計其數，我雖無法窮盡所有場景，但如果你理解並掌握了某種思維方式，你會發現在很多場景中它都適用。比如，如果你學會了如何與老闆溝通和相處，那你和家人的相處也不會太差，反過來道理也一樣。

在閱讀的過程中，不妨時不時停下來，想一想你收穫了什麼，日後可以如何運用。你也可以拿一支筆和一個本子，碰到感興趣或者覺得用得著的建議時，就記下來。當然你也可以用手機或電腦，只要稱手就行。用什麼工具不重要，重要的是隨時記錄。

一位年輕的創業者和我講，他剛畢業的時候做銷售，前三個月沒開一個單。他們公司要求每一位銷售人員每天打兩百通電話，但他發現他們公司的一位銷售，每天只打三十通電話，而且他還患有口吃，但他每個月的業績卻是全公司最好的。

後來，他去向這位銷售冠軍請教經驗，銷售冠軍告訴他，他的心得就兩條：第一，盡一切可能多瞭解客戶，在接觸客戶前，他會通過公開資料和自己的人脈網搜集客戶的資訊；第二，每次和客戶打電話都做記錄，通話時長（精確到秒）、聊到的關鍵內容全都記下來。下次再給這位客戶打電話的時候，提前翻一翻自己的本子，回顧一下，上一次和這位客戶都聊了什麼。這樣能更準確地把握和客戶談論的重點。

我在自己的寫作課程上，和學員分享的最重要的經驗也有兩條：第一，找到你這個行業最好的資料並努力深挖；第二，一定要做筆記，把你看到的、聽到的、讀到的、想到的有趣的、有價值的內容通通記下來。

你看，兩者是相通的。其實記錄並不需要你花費很多時間，每天十至十五分鐘，這點時間甚至不需要你去「擠」，無論從哪兒都能騰出來。持續一週、兩週、一個月、一年……你會發現自己有完全不一樣的變化。

剛開始可能會有點難。比如我的一位寫作課學員，她是一位短片博主，有一段時間工作不順。我告訴她可以嘗試著把她的想法都寫下來，每天十五分鐘，連續寫四天。第一天，她告訴我：十五分鐘比想像中長很多，她甚至懷疑自己弄錯了時間；而且在寫的過程中，她的注意力超級難集中；再有就是自己想法太多了。

寫自己的想法，要比積累素材容易一點。如果你一開始覺得很難，那只是因為你還不太習慣而已。因為萬事開頭難。

知識付費時代，很多人通過製造使用者的焦慮感來販賣產品。然而，如果只是基於恐懼和焦慮，學習的驅動力和持續力都不會很強。為了緩解焦慮進行的學習，就像是一根香菸，只能暫時麻痺你的神經而已。所以，每當想要學點什麼的時候，你需要好好問問自己：「我是基於恐懼還是基於熱愛（興趣）去學習和成長？」如果是基於恐懼，那不妨進一步追問：讓我恐懼的是什麼？

如果在學習過程中，不斷發掘自己的興趣，那你將不再需要堅持和自制力。很少有人會說：「我要堅持打兩個小時遊戲，打不夠不能睡覺！」但是我們看到太多人說：「我要堅持學兩小時英語，否則今天就白過了！」我現在一天能寫八個小時，但如果是看電視，即使是最好的節目，我也很難堅持看兩個小時。

在我看來，寫作是一項非常實用的技能，更是一件非常有樂趣的事情。很多人僅用一個月的時間，就感受到了寫作帶來的心靈和能力上的收穫。

有一位學員告訴我說：「寫感謝信的時候，我寫給了我的外公。外公去世九年了，我們有過十來年非常快樂的相處時光，但是因為傷痛，我不願回憶，因而也無法釋懷。但是通過這次寫作，我直面了這個過程，並且寫了很多細節，當隱藏的東西被看到，它也就被轉化和釋放了。寫完這篇文章，我突然如釋重負，我對外公隱藏的內疚被釋放了。我們之間，留下的只有愛。後來，我在訓練營裡還寫了我的母親、我的老師、我的前男友等，每一次面對和回溯，就是一次接納和釋放。」

還有一位學員說：「學會如何寫好求助信之後，終於明白以前別人為什麼不幫我了，因為我從沒有站在對方的立場上考慮。現在我會在我的工作報告中註明哪些同事幫助了我，並因此得到了更多的幫助。我的工作也更出色，老闆也愈來愈經常表揚我的工作。」

還有一位學員，把自己學完寫作之後的心得用在了對女兒的學習指導上。她在文章裡寫道：

輔導三年級的女兒學習看圖寫話時，居然把寫作經驗用在了女兒身上。對於剛剛接觸作文的小朋友而言，字數是一個很高的檻，而字數的背後，其實是觀察與思考。簡單地和小朋友交流後，她居然順利地寫出了一篇三百字的作文，通篇讀下來，除了有幾個錯別字、缺少幾處標點外，整體都很流暢。

之前，這位學員是連瓊瑤、金庸的小說都沒讀過的重度閱讀困難戶，可現在她已經把寫作方法運用到如何教自己的孩子上了。

你還可以通過分享來學習。通過向別人轉述自己學到的知識來幫助自己成長。這也是我一直貫徹的原則。讀完一本書，我會寫一篇讀書筆記。我讀過的書，去見朋友的時候會帶去送給他們。而我也能從朋友的回饋中，知道他們讀完這本書的體會與我有何不同，從而幫助我加深了對這本書的理解。

要想學會游泳，最好的辦法是跳入水中游幾圈。寫作也一樣，學習寫作最好的方法就是寫。如果你暫時沒有自己的觀點，那就把你認可的觀點記下來，分享出去，和別人討論交流，漸漸地你會發現自己的觀點愈來愈清晰，也愈來愈會表達了。

著名天使投資人李笑來在學習投資的時候，看了很多遍YC創業課，並且在網上不斷地更新課程筆記。有一天，我在深圳書城看書，發現一本《斯坦福大學創業成長課》。仔細一看，原來是李笑來把YC創業課的學習筆記整理出版了。

別看大家花了那麼多年學習，其實很多人並沒有學會如何學習。蕭伯納曾經說過：「人們永遠無法被『教』會。」學習是一項實踐，知識只有通過實踐才能獲得。行為經濟學家B. J. 福格說，持續的改變只有兩種方式：從「小」起步，或改變環境。

這本書裡，不一定每一個建議都適合你，但如果你覺得這本書裡的某一個方法對你有幫助，不妨立刻開始實踐，從一個最小的動作開始，每天累加，一定能有所得。

你的夢想是什麼？寫作在你生命中的位置是什麼？最後，不妨思考一下這兩個問題。

每天我都知道自己在為什麼而奮鬥，一天寫八個小時都不覺得累。寫完之後我會到樓下去跑十公里、十五公里，每一次突破極限時，我雖然身體疲憊可是內心卻充滿了力量和喜悅。我把這些都寫在了自己的本子上，記錄自己實現夢想的過程。

你也不妨試試，把夢想寫下來。

目錄

CONTENTS

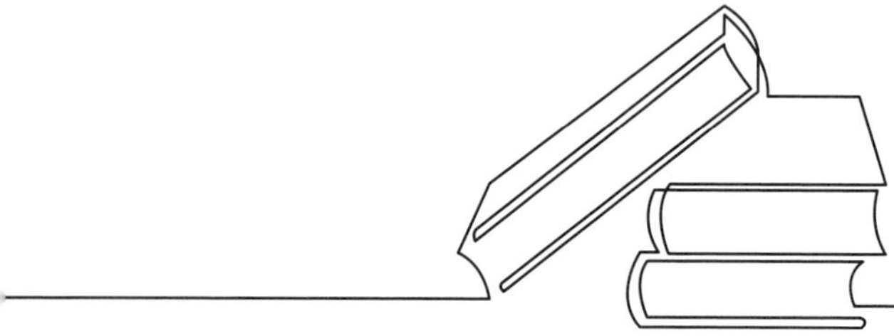

第一章

為什麼每個人都要學會寫作？

破除學寫作文時的恐懼

韓寒曾經分享過一個經歷：他的一篇文章被選用到高中試卷中作閱讀理解題目，出題人讓考生分析這篇文章的中心思想。他很好奇，自己也回答了一下。之後，他翻開標準答案——他答錯了。

韓寒回答自己文章的中心思想，答案卻是錯的。我認為，這反映了一種標準答案式對錯教育。[1]

一些地方的語文教育還有一個特點：過於關注文學性，也就是文章的審美價值和藝術價值，老師花了很大力氣教學生如何用好修辭、如何表現文采，卻忽略了如何用簡潔的文字清楚地表達自己的觀點。這就好像學習烹飪，師傅教了你非常漂亮的炒菜手法和精緻的擺盤技巧，可是沒有教你如何把菜做得營養好吃。

這樣的教育方式讓很多人對寫作產生了一個典型的認知誤區：寫作等於文采，寫作等於修辭。而標準答案式的考試要求，讓很多人在寫作練習的過程中產生了狹隘的固有認知。並且，如果從小沒有建立起信心的話，長大後會更容易否定自己在這方面的天賦和能力。

為什麼說這是最大的認知誤區？觀察一下，在日常生活和工作中需要用到寫作的場景：發電子郵件、寫工作報告、寫項目計畫、發朋友圈、寫自媒體文章、寫自薦信等，相比於文采，邏輯清晰、語言簡潔更重要。對了，寫情書或許也用得上點文采，但寫情書最重要的不是文采，而是「走心」。你很有文采，收到情書的人會覺得你有才華；你走心，對方才會真正被打動。在我看來，這二者的區別就像方文山的歌詞和李宗盛的歌詞，前者讓你覺得你很欣賞和佩服這個人；後者卻句句往你心裡扎，讓你覺得他非常懂你。

寫作首先是走心，然後是簡潔清晰，而文采在絕大多數情況下其實沒那麼重要。如果你想成為散文家、詩人、小說家，你可能需要研究一下文采，可如果你連一件事都寫不清楚，文采反而可能給你減分——大家都要效率，空洞、囉唆的表達就是在浪費別人的生命，如果和你溝通費勁，久而久之，別人就不願意和你打交道了。

有不少知名企業來邀請我去做培訓，主題就是「如何清晰表達與高效溝通」，在培訓之前我們會提前做市場調查，包括做問卷和一對一訪談。訪談結果令人擔憂——在這些非常強調溝通的知名企業中，許多工作多年的人甚至很難把電子郵件寫好。有些人不願意表達自

1 這本書主要探討寫作的功能價值。我對於寫作領域依然充滿了好奇，也在研究和探索寫作在情感層面和精神層面的價值。

己的真實看法，有些人表達不清楚自己的看法，有些人經常在就事論事中加入太多的個人情緒，有些人只顧著表達自己的看法卻不會站在別人的立場去思考……此外，還有一類最典型的心態和做法是，在碰到問題的時候，直接跳出來問：「有沒有範文？」

我在網上找到一個範文網站，從中挑了一篇給老師的感謝信，這封感謝信是這麼寫的：

敬愛的戚老師：

您好，您的身體怎麼樣？是否和以前一樣健壯呢？是否依然帶著那慣有的笑容呢？

首先，我感謝您三年來對我慈母般的教導，讓我從一個無知的小孩走向成熟。摔倒了，是您教會我如何爬起來；失敗了，是您教會我如何吸取教訓；哭泣時，是您在我身旁安慰我。這點點滴滴的小事，回憶起來，多麼讓我快樂。您是怎麼想的呢？是跟我有同樣的感覺嗎？

您還記得那年夏天發生過的事嗎？您也許忘了，但我可記憶猶新啊！我在您心中一直是一位成績頂尖的學生，但總會讓您失望的。您記得那次測試嗎？高分連連的我卻掉出了那個分數段，那一刻，我消沉了，就像一隻大雁遇到了暴風雨的襲擊。但是，您知道嗎？是您把我從那痛苦的深淵中解救出來。您利用空餘時間教導我，使我成績逐漸上升，徹底擺脫了恐怖的魔掌，讓我重新振作起來，一步步走向成功。

小鳴

這樣的文章廣泛存在於我們的生活中。這封信的最大問題在於，它可以拿過來應付所有老師。看到這樣的內容你可能同樣反感，在我們以往的寫作學習中，幾乎沒有人告訴你，除了文采以外，文章更重要的是什麼。你知道這是錯的，但又找不到正確的方向。

每當需要寫什麼東西的時候，很多人會到網上去找範本，反正大家都這麼寫，起碼不會錯……

事實是，走心的文字遠勝過這種套話。如果要對某個老師表示感謝，你要寫那些獨特的細節，而不是這種刻意的煽情內容。

我的語文成績一直不好，高考時八十九分，差一分及格。但當我開始為紐約時報中文網、《彭博商業週刊》等媒體寫專欄文章時，我才意識到幸好自己之前沒有被那種「範本式」「答案式」教育束縛住，才讓我在剛開始學習寫作——沒錯，我畢業好幾年後，才算是剛剛開始學習寫作——的時候，沒有太多的包袱，能儘量以一張白紙的狀態，真正重新認識寫作。

如果你對寫作的認知還限於修辭、文采、辭藻、中心思想等概念，你可能需要花不少時間轉換思維方式。一位知名作家曾說，小時候被迫學魯迅，因而對魯迅的文章產生了很大的厭煩心理，在很長一段時間裡完全不想讀。工作十多年之後，一個偶然的機會，重新讀了一下魯迅的文章，才發現寫得是真不錯，於是又買來《魯迅全集》好好品讀。

從現在開始，把以前的條條框框扔掉，這樣才能輕鬆上陣。對大部分人而言，好消息是：你終於不用擔心自己沒有文采了。

在寫這本書的過程中，我得知清華大學宣布在二〇一八級學生中啟動「寫作與溝通」必修課，到二〇二〇年，這門課程將普及清華大學所有本科生。特別值得注意的是這門課程的定位。

「寫作與溝通」課程定位為非文學寫作，偏向於邏輯性寫作或說理寫作，以期通過高挑戰度的小班訓練，顯著提升學生的寫作表達能力、提高溝通交流能力、培養邏輯思維和批判性思維的能力。

大部分人的大部分寫作場景，都是非文學寫作。它雖然來得有點晚，而且只在清華大學開課，但至少說明中國的頂尖學府已經意識到非文學寫作的重要性。要想學好寫作，先要破除對文學性寫作的恐懼。你只要會發訊息，就可以學會非文學寫作。

我在線上、線下開設的寫作課程，與清華大學的「寫作與溝通」一樣，定位都是幫助人們學好非文學性寫作，偏向於邏輯性和說理性寫作，注重寫作在功能層面的價值。除了功能價值，我還會在第五章闡述寫作在情感和精神層面的價值。

打破思維牢籠，進行思維躍遷

很多人有類似的經驗：剛看到一個問題的時候覺得自己明白了，但是真要寫出來的時候，卻發現總會卡在某個地方。口頭表達時碰到邏輯問題很容易繞過去，因為口頭表達時人們更關注你說的話是否有吸引力，往往會忽略邏輯的嚴謹性。但是閱讀不一樣，如果你寫出來的東西全是漏洞，很容易被人一眼識破。所以寫作也最能檢驗一個人的思考能力。

要寫好一篇文章，你需要有一個清晰的觀點，圍繞這個觀點搜集素材，構思寫作框架，然後選取合適的材料進行修剪和填充。為了打磨好一個話題，你可能還要經歷補充搜集、修正、再搜集、再修正等過程。打磨一個話題的過程，就是不斷逼自己思考的過程。

亞馬遜創辦人傑夫·貝佐斯被稱為「首席寫作布道師」。作為世界上最優秀的技術公司之一，亞馬遜對書面文字卻出奇地重視。我的一位前主管曾在亞馬遜工作，他說在亞馬遜內部開會不使用ＰＰＴ，開會前，專案主講人需要提交一份四至六頁紙的備忘錄。無論多煩瑣的事情都要在這四至六頁紙內寫清楚。正式討論前，每個人先花半小時把備忘錄讀一遍。

要在四至六頁紙的篇幅裡把事情講清楚、沒有廢話，邏輯清晰，案例嚴謹、扎實，是一件非常困難的事情。但他同時也提到，這樣的制度讓他受益頗深。通過這樣的方式，他的思維能力和表達能力都得到了極好的塑造。

他的個人體驗完全印證了貝佐斯對這一工具的思考，貝佐斯在內部郵件中說：

> 四頁紙的備忘錄比二十頁的PPT難寫，原因是好的備忘錄的敘述結構迫使你更好地思考，對什麼東西更重要以及哪些東西是相關的有更好的理解。PPT式的展示多少會以表象來掩飾想法，使得相對重要性不夠突出，並且忽視了想法之間的關聯性。

寫備忘錄對陳述者提出了更高的要求，而把方便留給了受眾，這是寫作塑造邏輯理性思維的強體現。我有一位同事叫清風，他說，每次打開石墨文檔[2]，把自己的想法一點一點呈現出來，並且交付一份完整的文檔——無論是一份提綱，一份項目說明，還是一份項目復盤——的時候，都特別有成就感。在對自己的想法進行全面梳理之後，再清晰地表達出來，寫作者本人會有最大的收益。

有研究表明[3]，寫作具有非常好的療癒效果。在資訊爆炸、速食式閱讀乃至速食式表達和速食式溝通盛行的今天，寫作能讓人慢下來——它可以幫你減少焦慮和壓力，用更多時間與自己的內心對話。有時候我們沒有辦法深度思考，並不是因為我們沒有思考能力，而是因為我們的思緒被太多的焦慮、恐懼、緊張、內疚、驕傲……占用。你的大腦被其他不重要的事情占用了太多的記憶體，如果不把它們清除，你就無法專注於當下的工作，也難以為未來做規劃。這就是很多人看似非常勤奮、努力、自律，可是依然很難取得很大的進步和好成績的底層原因。

當一個人有過不好的經歷，那種痛苦會一直儲存在身體中。這是人類演化過程中的一種自我保護機制，它能保護我們碰到相同狀況時武裝自己或者儘快逃跑，以幫助我們在自然界中生存下來。但它也有負面作用，這種記憶會一直被儲存在你的大腦中，並讓你一直處於防禦狀態。這種防禦狀態會演變成人們的思維牢籠，只有破除了這個思維牢籠，才能讓自己的思維模式由低層次躍遷至高層次。

我會經常通過「寫作禪」來幫助自己消除焦慮，進入更加專注和平靜的狀態，這時候再去閱讀和寫作，能與文字，與作者，與自己產生更深層的交流。通過「寫作禪」的練習，我能很確切地知道自己處於什麼狀態，只要更加清楚自己是什麼狀態，對於通過文字和讀者建立連接，我便足夠篤定。

很多人在養成寫作習慣之前，可能更需要「寫作禪」的幫助。你可以由著自己的性子去

2 一款線上寫作軟體。

3 可參考相關書籍《書寫的療癒力量》、《走出心靈荒野》、《身體從未忘記》。

寫，想到哪裡就寫到哪裡。過程中可能會產生各種情緒：痛苦、煩躁、順暢、愉悅……但寫完之後就會有一種暢快感。

在前言中我提到一位短片博主，有一段時間她工作不順，總是一會兒開心一會兒失落，一會兒信心滿滿，一會兒又自我懷疑，每天都是百感交集。她說：「我覺得這個狀態特別不對，有種下墜的感覺，感覺在虛度光陰。」在第一天的「寫作禪」練習中，她因為想法非常多，注意力很難集中，但到了第二天就有了很不一樣的體驗，她告訴我：「感覺今天的時間比昨天短了，結束的時候甚至感覺有點突然，還沒寫夠。昨天不知道是不是寫作的原因，一天過得挺舒心的，我老公問了好幾次『你今天怎麼那麼開心』。今天早上更神奇，一覺醒來困惑我好久的事情在腦子裡突然有了答案，就像老天告訴我的一樣。」

「寫作禪」可以忠實地記錄你當下的所思所想，不僅能幫你釐清思路，而且事後可追溯、可檢視，從而讓你在討論和交流時思路更清晰。

麥克魯漢（Herbert Marshall McLuhan）[4]說：「我們創造了工具，工具反過來塑造我們的思維。」寫作是塑造思考能力和釐清思緒的最有力的一項工具。

4 馬歇爾・麥克魯漢（Herbert Marshall McLuhan, 1911 — 1980），二十世紀媒體理論宗師、思想家，主要著作有《機器新娘》（一九五一年）和《認識媒體》（一九六四年）。

社交最佳姿勢：讓別人主動來找你

二〇一七年年底，我在豆瓣收到這麼一條私信：

師北宸老師，您好！

我們是《見字如面》節目組。

我們在網路上看到您關於《失控》的書評和觀點，印象非常深刻，遂發出邀請希望您能助我們一臂之力，加入節目核心策劃組，一起做出一檔影響空前的清流網路綜藝。

看到這條私信時，我愣了一下——《失控》是我參與策劃和行銷的一本書，早在二〇一〇年我就寫過《失控》的書評和讀書筆記。七年後，我竟然因為這篇書評被國內頂級綜藝節目組找到，受邀參與策劃。

與編導聯繫後，我得知節目組正在策劃一檔新節目《一生之書》，他們希望把各個領域的經典圖書通過舞臺表演的形式呈現出來，在科技領域他們初步選定了幾本書：《人類簡史》、《未來簡史》、《失控》、《三體》。後來我參與了《人類簡史》與《未來簡史》的策劃。這是我第一次與電視媒體人打交道，除了策劃人和編劇以外，開心麻花劇組也在現場參與策劃討論會。對於一本書要如何呈現在舞臺上，我聽到了他們關於節目設計的很多想法和創意。我寫過專欄、錄過課程，和很多平面媒體人打過交道，而這一次的經歷讓我瞭解到內容如何與戲劇結合，是一次非常開眼界的合作經歷。

因為寫作，我獲得過很多機會。我畢業後的第一份工作是因為曾在譯言網翻譯了幾十篇文章，被創辦人趙嘉敏認識，從而給了我加入大學時最想加入的公司的機會。我在非常年輕的時候就能夠成為鳳凰網科技頻道的主編，也是因為當時鳳凰財經中心負責人在財新網看到我的專欄文章，才給了我這個機會。

好文章自己會走路。對於內向的人來說，這是最好不過的社交方式。

內向者常常被描述為：重視主觀世界，沉浸在自我欣賞和陶醉之中，可能缺乏自信、易害羞、冷漠、寡言，較難適應環境的變化。

內向的人很容易被人認為是以自我為中心，孤僻而不愛交際的。事實上，性格內向的人往往更能聚焦於內在世界，有更強的感受和反思能力，這反而能幫助內向的人更好地理解外部世界。

林肯、希區考克、喬丹、愛迪生、愛因斯坦都是內向的人，愛因斯坦曾說：「不是我比別人更聰明，而是我思考問題的時間更多一些而已。」性格內向的人更能專注於自己的思想和情感，他們只有在合適的環境中才能發揮自己的才能。

性格內向的人非常適合通過寫作的方式與人「社交」。《五分鐘商學院》的作者劉潤曾總結過一個「自管花開」行為模式，他是這麼描述的：

> 你可以把自己想像成一朵花，我們只管這朵花開得漂亮，只想著散發自己的光、熱和香氣。
>
> 如果在覆蓋範圍之內，有人感受到了，那真是幸運，他就有機會成為我們的客戶或者合作夥伴了。
>
> 我們不願意拿著手電筒去找客戶，也不想著去說服別人，如果發現這個人竟然還要被說服，那就只能證明這朵花散發的光和熱還不夠。
>
> 那沒事兒，我繼續努力，繼續發光發熱，爭取我的光和熱有一天能夠覆蓋到他。

寫文章讓你不需要通過社交行為來獲得高品質的社交結果。很多人厭惡社交，是因為他們覺得大部分社交是浪費時間的無效社交。

寫文章看起來是一項非常孤獨的工作，可是當文章發出去之後，社交模式就啟動了。只要你持續地輸出你的觀點、興趣和喜好，你的文章就會幫助你找到志趣相投的人。如果通過主動的社交方式，效率可能遠沒有這麼高。寫作反而成了一種反向篩選，幫你篩選出你希望交往的人。

在寫作的過程中你也會面對更多的孤獨，喜歡寫作、想去嘗試寫作的人，很有可能也是對孤獨有更深刻體驗的一類人。很多人認為孤獨意味著不會社交，事實上，有研究表明，孤獨的人反而擁有更強的社交能力。不過這種「更強的社交能力」，指的是他們有更強的解讀、理解人際信號的能力。他們之所以不喜歡社交，或者在社交中沒有展現出積極的態度，是因為他們對於自己「可能被評價」這一事實更加敏感，並會從中感受到更大的壓力，這種壓力會讓他們在日常的社交場合中喪失社交能力。

社交一般分為兩種：功利社交與共情社交。為什麼很多飯局令人討厭呢，比如在畢業多年後參加的同學會上，有的人總是在言語間「不經意地」透露自己和哪些有權、有名、有錢的人認識，或者基於別人的職位、地位去判斷要和誰結交、不和誰結交。這樣的社交行為令人討厭，可是很多時候你又不得不身處其中。

內向的人在類似的線下社交中不占優勢，但他們可以通過寫作獲得優勢。他們對人際交往的情緒感受和反應更為敏感，同時也就擁有更高的共情能力。好的文章不只是所謂的道理說得好或者有乾貨，更重要的是要讓讀者感覺到「你懂他」。

我的寫作訓練營與線下私房課，也聚集了大量內向的人。我想，可能這就是「氣味相投」。對於外向者而言，和人接觸是獲得能量的一種途徑。出去社交對外向者而言，本身就可以讓他們愉悅和開心，他們並不覺得有太大的消耗；但是對於內向者而言，寫作則是更好的社交方式，能夠使他們在不消耗過多精力也不需費心和人打交道的情況下，就達到社交效果。在後面的章節中，我會就這個話題做更加深入的闡述。

跳出紅海競爭，學會銷售你自己

創業類暢銷書《從0到1》的作者彼得・提爾一九九八年與特斯拉的創辦人伊隆・馬斯克一起創辦了PayPal，二〇〇二年，他將PayPal以十五億美元出售給了eBay。二〇〇四年，他又為臉書投資了五十萬美元，這一筆投資給他帶來了二萬倍的回報。

彼得・提爾最早學的是法律。一九九二年，他從史丹佛大學法學院畢業後，在最高法院做了一年書記員，並成為法官職位的兩個候選人之一。這看起來是很不錯的前途，但是，拿下這個職位就可能意味著更激烈的競爭。於是，他選擇離開法律行業，轉而進入網際網路行業。當時恰逢網際網路在美國興起，進入網際網路行業也幫助他找到了自己「從0到1」的機會，避開了紅海裡的競爭。正是這樣的選擇，讓他有了後來PayPal的成功以及他對臉書投資的成功，在美國做律師競爭非常激烈，而且當律師可得不到二萬倍的投資回報比。

人們對競爭的偏好根深柢固，有這樣一個故事：

一條街上，一個人開了一個加油站，第二個人看到後，在旁邊也開了一個加油站，第三個人又在旁邊開了一個加油站，一個月以後，這些加油站都倒閉了……

在另一條街上，一個人開了一個加油站，第二個人看到後，在旁邊開了一個超市，第三個人在旁邊開了一個餐館，這條街開始變得繁榮……

尋找一條適合自己發展的職業路徑，換一個領域努力相對會更容易獲得成功，而且獲得的成就也不一定比跑得最快的那個人更差。

我的學歷和工作背景都不算好，和名校名企出身的人相比，沒有競爭優勢，只能另外開闢自己的路。我在開始給媒體寫專欄時，並沒有預設這件事情能為我的職業帶來多大的幫助。

然而，隨著我發表的文章愈來愈多，並逐漸在更有影響力的媒體上發布文章之後，我逐漸被行業認可，愈來愈多的人認識了我。在做公關公司的合夥人時，我常常在見客戶的時候遇到這樣的情況，對方說：「師北宸？我知道，我看過你的文章，我們直接開始吧。」我以前從沒做過銷售，但在做自我介紹之前，我就已經贏得了對方的信任。

我得到領英（LinkedIn）的工作有很大一部分原因是，我曾經為《彭博商業週刊》、虎嗅、鈦媒體等媒體寫過專欄。當時領英對於撰寫行業分析和評論性文章的能力要求非常高，我的好多同事畢業於美國常春藤盟校。聽說，領英在矽谷非常吃香，如果同時拿到谷歌、臉書和領英的錄用通知，很多人會優先選擇領英。

當你跳出了傳統職業發展路徑，為自己發聲，給自己打上獨特的標籤時，你就自訂了競爭領域。這時候你不需要那麼努力去告訴大家你是誰，別人會主動來瞭解你是誰。

從你努力說服別人到別人主動傾聽，這是一個重要的轉折。當別人主動傾聽你的時候，你就成功把自己銷售出去了。

寫作是一項高槓桿率的工作

網路開發工程師的薪水比大部分崗位高，這是為什麼？因為他們可以創造更多價值。開發出一個 App（應用程式），理論上可以在所有平台發布，一份投入，多份收益，邊際成本是遞減的，而邊際收益卻是遞增的。

類似地，**如果你的一份時間能夠創造多份收益，你所從事的工作就是高槓桿率的工作。**

如果你想提高自己的工作槓桿率，可以採取以下幾種辦法：

○ 培養或者提升自己「一份時間多份賣」的能力，比如寫作。

○把一些工作外包，這相當於購買別人的時間幫你工作，而你則可以把省下來的時間用於投資自己。

○留意其他工作機會，提高你單位時間的價格。

我作為專欄作家時，寫完一篇文章，會發在多個平台，從而提高了單項工作產生的影響力。此外，公開課也是顯著擴大影響力的方式，同一節課線上下課只能對著幾十人、一兩百人講，放上網之後可以讓一萬人、一千萬人學習。老師的工作產生的效益被放大了很多倍。

有一位叫「伯通」的媒體人說過，寫文章就像開分礦。在《魔獸爭霸》這種即時戰略遊戲裡，能夠迅速開分礦的玩家，會有更好的戰略優勢。因為同一個時間段內，擁有兩個礦場的人的收入是擁有一個礦場的人的兩倍，愈往後，礦多的人愈占優勢。

寫作幫你提高工作槓桿率的另一個方面在於，幫你實現了個人品牌溢價。更多人將認識到你的價值，從而為你提供更多合作的可能，也給你帶來更高的議價權。

寫作，就是高效表達與溝通，目的就是讓你把觀點和資訊傳遞出去，從而獲得更好的機會和更高的工作收益。

要招就招那個寫作最厲害的

37 signals是矽谷一家創業公司，其創辦人傑生．弗裡德寫了一本書《重來》（*Rework*），這本書裡有一篇文章，標題就叫「要招就招那個寫作最厲害的」，在這篇文章中，作者寫道，如果你要從一堆人中決定出一個職位的合適人選，雇那個寫作最厲害的人。無論對行銷人員、推銷員、設計師還是程式師來說，寫作技巧都至關重要。因為一個好的寫作者不單是有根好的筆桿子。清晰的寫作體現其清晰的思路，優秀的寫作者懂得溝通，他們讓事情易於理解，他們會站在別人的立場想事情，他們知道什麼該省略；那是你在任何求職者中都想看到的品質。寫作在現代社會正在東山再起，看看有多少人用郵件和簡訊而不是用電話交談，看看有多少交際是發生在微信和社交媒體中。如今，寫作能讓好主意傳播。

學會寫作，多數情況下，你不太可能失業；在更多的情況下，它會為你增值。哈佛大學有三千五百門課程。而在這三千五百門課程裡只有一門必修課，這門課就是寫作。

羅振宇在「奇葩說」裡說：「職場最重要的能力是什麼？是表達能力。」、「未來社會最重要的資產是影響力。影響力怎麼構成？寫作、演講。」

不要以為只有成為所謂的「大人物」才能有影響力，你在公司裡的口碑、在朋友圈中的受關注度和在行業中的話語權，都是你影響力的一部分。

每個人的時間花費都可以用兩個圈來形容——一個是擴大關注圈，另一個是擴大影響圈。

看電視、刷朋友圈、刷淘寶、刷微博，包括讀書和聽課，都屬於擴大關注圈的行為；而諸如寫作、演講、管理團隊，這些行為則是在幫你擴大影響圈。

我們每個人在這個世界的價值體現，本質上不就在於你影響了多少人，以及對不同的人產生了多深的影響嗎？

寫作，是跨越時空的影響力。

第二章

寫作：高品質社交的利器

從本質上講，人是一種社會性動物；那些生來離群索居的個體，要麼不值得我們關注，要麼不是人類。

——亞里斯多德

二〇〇七年，我開始在譯言網上翻譯《紐約時報》、《時代週刊》、《金融時報》和《彭博商業週刊》的科技類文章，現在回過頭看，我很慶幸自己在上大學的時候就與國外一些優質的專業內容保持同步，更重要的是，從那時起，我便已經開始在網上積累個人聲譽、樹立個人品牌了。

從二〇一一年開始，我希望對整個網路科技領域有更多更深入的理解，並開始系統性地閱讀各種網際網路理論書籍與人物傳記。我覺得輸出才能最好地發揮輸入的價值，於是我把讀過的書寫成書評和讀書筆記發在網路上。兩個月後，網易科技的主編問我有沒有興趣在網易科技開設專欄，我的回答是好。在網易科技開設專欄半年後，《彭博商業週刊》、紐約時報中文網也陸續邀請我開設專欄。

四年前，那個在天津郊區的大學宿舍裡翻譯《紐約時報》文章的我從沒想過，有一天自己竟然可以在紐約時報中文網開設專欄……再然後，幾乎所有的科技媒體都來邀約。我上大學時的夢想就是成為一名專欄作家，而通過努力寫作，我僅用了四年的時間就成為國內外頂級媒體的專欄作家。

二〇一三年二月七日，我收到當時鳳凰財經的楊彬彬發來的一封郵件，說：「我們正在尋找科技頻道負責人，我經常看你的專欄，你有沒有興趣聊一聊？」

一週以後，我們見面，就對科技的理解和對媒體的看法進行了交流。在此之前，我很少和同行交流，我的所有看法來自閱讀，以及寫作過程中的思考。那天我們聊了四個小時。

一個月以後，我從一位從未在媒體工作過的業餘寫作者，成為當時鳳凰網最年輕的主編。

二〇一五年，我成為正陽公關合夥人。公關公司合夥人需要具備多種能力：寫稿、文案、方案、商務、客戶溝通、團隊管理等。在見客戶的時候，因為很多客戶曾看過我寫的文章，我不需要再去多費口舌證明我的專業能力，在我向客戶證明自己之前，他已經買我的賬了。這意味著，我通過自己的寫作與客戶之間建立了信任。

從事過商務和銷售的人都知道，要想達成交易，產品和服務能力只是基礎，決定客戶是否買單的，是你與對方之間的信任。很多人花費了大把時間希望與客戶建立的聯繫，在我和客戶見第一面時就建立了。這是為什麼？

在我開始在客戶身上花時間之前，客戶已經通過我的文章注意到我了。而我寫的每一篇文章，都是同時在和幾千、幾萬、幾十萬人對話。絕大多數人的單位時間只能與一個人交流，但我在寫文章這件事情上面，「偷」到了 n 倍的時間和注意力。這也是即使我從沒做過商務和銷售，一開始就能比一些有多年經驗的人做得還要好的原因。

二〇一七年五月，虎嗅網創辦人李岷老師發微信問我：「最近有沒有空？我請高曉松老師和一些作者編輯吃飯，給我們講講娛樂與好萊塢。」

虎嗅網是國內非常有影響力的一家科技媒體，在虎嗅網剛創建時我就成了他們的專欄作者。雖然那時我已經很久沒有在虎嗅網寫文章，但仍時不時能收到李岷老師的邀請參加一些活動。

作為一個在公開場合非常容易緊張，在超過四個人的飯局上就很少發言，即使做了很多的演講、培訓、課程，依然需要花很多時間才能進入狀態的極其靦腆內向的人，我覺得寫作大概是我能想到的最好的社交方式。

把寫文章作為社交方式的最大好處是，你並不需要通過社交行為來獲得高品質的社交結果。

寫文章看起來是一項非常孤獨的工作，一個人對著電腦螢幕敲打鍵盤。可是當文章發出去之後，社交模式就啟動了。只要你持續地輸出你的觀點、你的興趣、你的喜好，你的文章會幫助你找到志趣相投的人，他們因為認可你想表達的看法而找到你。

主動提供幫助

除了看似被動的人脈拓展，寫作還可以幫助你主動拓展人脈。里德．霍夫曼是全球最大的職業社交網站領英的創辦人，他的助手曾分享過一個獲得牛人關注的最好的方法：主動提供幫助。

牛人們有錢又有資源，人脈更廣更優質，他們會需要什麼說明呢？例如比爾．蓋茲，他所需要的，同時也是你能提供的，就是資訊。資訊即你身處他所不熟悉的環境中，對他不熟悉的事物的認知。如果他對中國的「九〇後」如何看待二次元文化感興趣，而你恰好是一名「九〇後」，你可以告訴他你周圍的人是怎麼看待二次元的，中國的A站（AcFun彈幕視頻網）、B站（嗶哩嗶哩網）是什麼，為什麼彈幕會從次文化逐漸變得流行。這就是主動提供幫助給你帶來的價值。

主動提供幫助堪稱建立人際關係的不二法門，而主動提供幫助最直接的方法仍是寫文章然後分享出去。提供幫助的對象有時候是不確定的，有時候是確定的。主動提供幫助，提供有價值的資訊，好文章會把你帶到優秀的人身邊。

真誠地傾聽

接下來，我想和你分享更深層次的社交，或者叫更深層次的人與人之間的連接體驗。

在很長的一段時間裡，我經常和人說：我是一個沒有朋友的人。在我的定義中，所謂朋友，就是你可以把自己不敢輕易對外人講的話講給他們聽，你可以在他們面前表露自己的脆弱、恐懼、痛苦與懦弱，簡而言之，你可以在他們面前表露最真實的自己。同時，當你取得成績、成就時，他們也會給你充分的支援與鼓勵。

自從創業後，我交到很多朋友。

交到朋友的第一個要點是，我很擅於傾聽。傾聽又分兩層，一層是傾聽對方話語中的訊息，另一層是傾聽對方話語中的情緒。我們很容易只聽到別人話語中的訊息，而忽略了其中的情緒。

傾聽的能力源自真誠的態度。不僅是對對方的真誠，還包括對自己的真誠。以接納、開放的態度，傾聽自己內心的聲音，真實地對待自我，把身上虛偽的外殼脫下來。我能比以前更好地感知自己在每一個時刻的感受。

卡爾・羅傑斯是美國心理學家，人本主義心理學的主要代表人物之一，他主張在心理治療中「以當事人為中心」。對於「以當事人為中心」，卡爾・羅傑斯認為，最有助於當事人的狀態，是治療者的「真實」。在他自述中，他這麼說道：

在與當事人的關係中我發現，從長遠而言，扮演非真我的角色無益於治療。當我實際上感到憤怒想提出批評卻裝作平靜愉快時，這是無益的。當我不知道答案卻要裝作知道時，這是無益的。如果此刻的我充滿敵意卻要裝作充滿愛心時，這是無益的。當我實際上感到惶恐不安卻裝作似乎胸有成竹時，這是無益的。

當看到這一段的時候，我非常驚訝。作為心理諮詢師，當他不喜歡某位當事人時，他會真實地表達他的情感；當他覺得當事人讓他感覺煩惱或乏味時，他也會坦誠地表達。這時候，雙方之間反而更加誠懇。

有一次和一位朋友「莉莉盒」一起喝咖啡，她和我分享了她對寫作訓練營的許多觀察體會。她談到契訶夫的一個短篇故事描述的就是訓練營的群像圖，我們的談話持續了四五個小時，她講了很多她自己的看法，也給了我很多建議和方法，這時我卻明顯感覺到大腦非常累，突然產生了很強的疲憊感和壓力，於是我告訴她：「不好意思，我不太舒服，一會兒我可能要提前離開了。」後來我就叫了一輛計程車，準備先回去。一方面我覺得很抱歉，另一方面我已經疲累的身體信號表現得非常強烈。

見完莉莉盒的第二天，我突然意識到自己身上的一個特質——我擅長「聽」情緒，但極不擅長「聽」訊息。於是，我發了一條朋友圈：

我一方面覺得自己傾聽能力很好，另一方面又奇怪為什麼自己聽不進去課程。今天終於找到了原因。

我的聽，大部分時候是在聽情緒，不太擅長聽訊息。而課程主要是由資訊構成的。昨天和莉莉盒聊天時，她的邏輯性、條理性和洞察力都非常強，基本都是講乾貨，但聊到後來我就很疲憊。

所以，在德魯克的分類裡，我算讀者型，還是聽者型？什麼時候聽資訊重要，什麼時候聽情緒重要？嘴巴雖然只有一張，輸出的資訊量卻是多維的；耳朵有兩隻，卻很難分別處理好資訊與情緒。

看到這條訊息之後，莉莉盒也發了一條朋友圈，她的朋友圈是這麼寫的：

這個反思中的「莉莉盒」是我，感謝你以這樣的形式告訴我「聊到後來就很疲憊」，這說明我有多麼地不會察覺現場氣氛、調整策略。

這不是在自我否定。而是以此發現了一個前後情緒的比照：我以為把自己看到的、感受到的，原原本本告訴你，這種真實和坦誠，會是有效的素材，或者某種啟示。原來，它會給人造成負擔。

我的自我反思就是：與別人分享初心無錯，但是通過「講」還是「寫」的形式，如何講、如何寫，才是關鍵。

接下來我會調整自己的行動：面對讀者型人士在交談時偏重故事、感受和情緒，而邏輯和乾貨則更多通過寫的方式呈現。這樣的交流就會更加順暢和舒服。

弄清楚這個，我很歡喜。

我在自己的朋友圈公開講「聽她講話很疲憊」，這在很多人看來是對朋友的批評、否定、不認可。當然，朋友間互相的尊重和禮貌是必不可少的，可是在交流中，顧慮太多，以至於有話不能直說，反而會讓雙方的關係走向一種虛假。

當你因「客套」而傳遞出虛假的感受，雙方的關係便走向虛假。而當你真實且誠懇地表達自己的感受時，對方也會理解並接納你。你的真實呈現，甚至也會引起別人的改變。

我發朋友圈並不是希望改變莉莉盒，只是呈現了自己的反思，呈現了自己的整個思考過程，莉莉盒在看到後隨即也把她的心聲呈現了出來。僅此而已。

我在講授線下課的時候，講完一個小故事，台下的同學會因有所感觸而落淚。我的線下私房課有一個環節——圍爐夜話，即所有人圍坐成一圈，我拋出一個話題，大家可以就這個話題各抒己見。一場圍爐夜話結束後，大家彼此之間往往會形成更緊密的關係。

我和剛結識的工作夥伴，也能很快達到親密交流的狀態。有時，我會把交流後我的感受用紙和筆寫下來，然後拍照發給對方。最開始的時候我分享時會很忐忑——害怕自己的感受得不到認同，被批評、被指責，但漸漸地，我發現：當我愈勇於把自己真實的感受分享出去，往往愈能收穫對方的理解、接納、鼓勵和支持。也有愈來愈多的朋友，願意把他內心的聲音分享給我。

什麼是被動的高品質社交？真誠地傾聽自己內心的聲音，傾聽別人的聲音，把自己的真實感悟記錄下來，再交流出去。以心交心，你就能與其他人形成更深的連接。

是偶像，也是普通人

二〇〇八年七月的一個下午，我正在辦公室工作。突然一位同事叫我：「北宸，有你的電話！」然後他小聲地說：「他說他是羅永浩，是那個羅永浩嗎？」

我又緊張又有些難以置信地拿起了電話。

「你好。」我拿起電話。

「請問是師老師嗎？」電話那端的聲音有很熟悉的東北口音。

我說：「啊？」從來沒人叫過我老師，我腦子還很懵。

「請問是師北宸老師嗎？」對方繼續問。

這時候我聽出來了，就是「老羅語錄」裡那個聲音，就是那個羅永浩。他說，他很願意和我們合作。

在我上大學的時候，羅永浩是引導我獨立思考的啟蒙者，他寫給俞敏洪的求職信也給了我很大的啟發和鼓舞。當你上大學時每天從網路上聽到聲音的人，突然主動給你打電話，這是什麼感覺？

接到偶像的電話時，我按捺住自己內心的興奮，假裝冷靜地繼續和他交流。

當年的新浪博客非常火，羅永浩當選了十大新浪博客博主，當時的他正在籌備老羅英語培訓。幾天以後，我們約在中關村見面。當時的我剛畢業，不修邊幅，竟然穿著短褲和拖鞋就去了。好在羅老師也沒太在意。一起吃飯的還有他的兩位同事，其中一位是許岑老師，在老羅英語培訓和錘子手機的發布會上，他時不時會上去演奏一段吉他，羅永浩發布會的PPT大多也由許岑老師製作。

一起努力做點什麼

羅永浩給我打電話的原因，是我給他發的一封電子郵件。

這封電子郵件全文是這麼寫的：

老羅，你好。

我每天都會登錄牛博網，知道你最近很忙，我就開門見山吧，不多耽誤你的時間。

首先自我介紹一下，我是譯言網（www.yeeyan.com）團隊成員之一。譯言網是處在創業期的網站，於二〇〇七年上線。我們希望為中文使用者提供瞭解世界的一個窗口，讓中文網際網路上除了××之外，有更多有價值的內容。更多介紹，您可以看這裡（附了介紹連結）。

昨天晚上我看到騙銀老師在一篇博客中，大力推薦譯言網上的《十億消費者》，作為一個網站的營運／推廣者，除了看到自己的網站內容由於被推薦得到大流量，並因此感到興奮之外，我更因為網站給讀者帶來了價值而激動。

除了騙銀老師的大力推薦，許多牛博網的作者（比如胡纏、苗煒、黃章晉等）也轉載或推薦了譯言網，一方面令人感到高興，另一方面也激勵我們提供更多高品質的內容給讀者。

騙銀老師的文章讓我產生向老羅申請開通博客帳號的想法，當然，從牛博網過來的大流量也是促成我寫此信的原因。從後台數據來看，從牛博網過來的讀者比從其他網站（除豆瓣以外）過來的讀者的跳出率都要低。

從以上兩方面來看，我認為譯言網的內容非常適合牛博網。

當然了，譯言網申請在牛博網開博是希望可以在牛博網的首頁上展示。我們會挑選最精彩的譯文（比如《時代週刊封面》《20世紀美國農村發展政策》等）奉獻給牛博網的讀者。

作為回報（請不要介意我使用這個詞），我們也會在譯言網上隆重介紹牛博網以及老羅英語培訓學校，並在首頁重點位置貼出連結。我也希望可以讓譯言網的讀者讀到牛博網的精彩文章。

希望您忙裡抽空，先看一看譯言網。

謝謝。

祝牛博網愈辦愈牛，祝老羅英語培訓多多賺錢。

師北宸（譯言）

在與羅永浩的合作上，我思考的是如何給予對方價值，以及在此基礎之上，我又有什麼樣的訴求。而整件事情的出發點，無非是這麼個過程：

○我很喜歡自己的偶像——羅永浩。

○我希望能和他合作做點什麼。

○牛博網是羅永浩創建的一個博客平台，邀請了很多知識分子在上面寫博客，內容品質很高。

○我發現牛博網上有很多作者轉載或推薦譯言網的文章，從而找到了合作的結合點。

○後台數據也證實，雙方用戶調性很匹配。

○我向羅永浩提出合作方案：譯言網的內容在牛博網輸出，並保證輸出內容的品質，

獲得品牌曝光度和流量的同時，譯言網也會為老羅英語培訓做推薦，幫助他在學校起步的時候擴大宣傳。

我一直在努力思考我能為對方提供什麼價值。後來我們的合作也一直很順利。

愈成功，愈需要被當作普通人對待

很多人都希望能與自己的偶像有一些互動。可能是你關注了他的微博，他有一天突然給你點讚、評論回覆，甚至轉發了你的消息，這都是莫大的激勵。我讀到的與自己偶像互動最有趣的故事，出自「水行俠」的飾演者傑森．摩莫亞（Jason Momoa）。當他還是一個八歲的小男孩時，他在電視上看到了二十歲的模特莉莎．博內特（Lisa Michelle Bonet），然後他對媽媽說：「我長大後一定要娶她。」

二〇〇五年，傑森與莉莎在一家爵士樂酒吧通過共同朋友介紹認識，雖然見到莉莎的時候，傑森非常興奮，但他沒有像一般粉絲對待偶像那樣，而是把莉莎當作一個普通人那樣對待。隨後他們開始交往，正式開始了這段緣分。二〇一七年時，雙方正式完婚。等有了第一個孩子之後，他才告訴妻子說，自己從小一直是她的鐵粉。現在他們育有一兒一女，生活幸福。而傑森．摩莫亞因為出演《冰與火之歌：權力遊戲》（Game of Thrones）中「馬王」

一角後，又出演 DC 漫畫公司的超級英雄片《水行俠》（Aquaman），一舉成為好萊塢的當紅明星。

「水行俠」與他妻子交往的經歷，給了我們一個啟示：要想被偶像關注，首先要學會把偶像當普通人一樣看待。

愈是世俗標準中的成功人士，其實愈想被當作普通人一樣看待。在二〇一七年年初的《奇葩大會》上，馬東曾對高曉松、何炅和蔡康永有過很精準的評價：「我喜歡高曉松，是因為他身上有一種無緣無故的牛勁兒，他的學識、見識促成這樣；我喜歡何老師，是因為他情商特別高，那種周到和八面來風盡在掌控的氣場。」而他對蔡康永說的是，「我喜歡你是因為你除了兼具這兩點之外，更重要的是你有一顆特別惡毒的心。你胸口有一隻特別惡毒的眼睛去看這個世界，你問問題如同溫柔一刀，那個惡毒的點讓我特別佩服。」

很少有人會用「惡毒」二字來評價蔡康永。蔡康永讓人如坐春風，怎麼會惡毒？這正是蔡康永惡毒的地方。他如果不認同你，就躲在旁邊偷偷地笑，他不戳穿你，就遠遠看著你；如果認同你，他會拍手叫好，送上真誠的讚美。

早年蔡康永在寶島臺灣做一檔節目——《真情指數》，有一期訪談嘉賓是成龍，問過一句之後，成龍號啕大哭，蔡康永遞上紙巾，成龍沒要。對著鏡頭，成龍大哥哭了十五分鐘。

蔡康永問哭成龍大哥的這個問題很簡單：「拍電影累不累啊？」

一個螢幕硬漢，從小習武，別人不會想到去問他累不累的問題。大家的潛意識裡會覺得，成龍這麼能打，這麼能拚，都是「應該」的。而蔡康永卻沒把他當大明星或「大哥」，只把他當一個普通人來問：「做那麼多高難度動作，那麼拚命，你會不會累啊？」

如果看到周圍的朋友連續加班，你可能會問一句：「最近工作那麼忙，你累不累？」你的朋友需要關懷，成龍大哥自然也需要。

二〇〇一年，蔡康永訪問吳宗憲時，也把吳宗憲問哭了。當年吳宗憲如日中天，是當時臺灣最火的主持人。這是吳宗憲唯一一次對著鏡頭落淚。

馬東對蔡康永評價的「惡毒」，這二字可以拆開來解讀。「惡」是所謂的「角度」，「毒」是所謂的「精準」，角度夠刁鑽，一擊即中。當年的成龍和吳宗憲，都是當紅的人物，而蔡康永還沒開始主持《康熙來了》，他的「咖位」遠不及成龍與吳宗憲。可是他並沒有擺出一副崇拜者的姿態，而是把對方當作和自己、和身邊的普通人一樣去對待，問每個普通人會有的喜怒哀樂。

我有一位同事清風，畢業不到一年就負責我們訓練營的營運工作，每天在社群裡出現的時候都在討論工作。有一次，她在群裡表示自己最近壓力有點大、很辛苦，結果，群裡好幾位用戶不理解：「你剛剛畢業就獲得那麼高的認可，做出了這麼好的成績，你怎麼會累？」

看到用戶那麼說，她立刻覺得心情更不好了。在很多人的眼裡，她是那個成績斐然、工作獲得認可的人，他們覺得她怎麼可能會有煩惱。他們忽略了優秀的人也是普通人。

提前下功夫做功課

二〇一六年九月，李笑來老師邀請我和幾位朋友一起吃飯，大家都非常開心。笑來老師有一個習慣，請人吃烤肉時喜歡烤給別人吃。他的助理小喬也在，小喬顯得非常活潑，很開心。

他說招聘小喬進公司的時候，一個主要原因就是小喬愛笑，特別容易開心，他說和這樣的人共事也會開心。

然後我問他：「笑來老師，你知道小喬是怎麼投的簡歷嗎？」

笑來老師說：「不知道，她怎麼投的？」

我說：「二〇一五年，阿博通過『在行』約我，見完之後我送了他一本《把時間當作朋友》。他看了之後覺得很好，於是就把這本書送給了他女朋友小喬。今年（二〇一六年）年初，他們來北京，阿博把小喬的簡歷發給我，問我能不能幫忙遞給你。後來，好在她自己也把簡歷投給了你。」

笑來老師聽了哈哈大笑，又要了兩盤牛肉，繼續給大家烤肉。

其實我從來沒告訴過他，有一段時間我只要見一位學員，就會送他一本《把時間當作朋友》。而這一個小動作，促成了一段很好的緣分。笑來老師招到了令他滿意的助理，小喬找到了喜歡的工作，而我蹭了一頓很好吃的「李師傅烤肉」。

二〇一六年，我在笑來老師的「一塊聽聽」平台開設寫作課。他的公眾號為我帶來了一萬多名付費學員，我的文章也成為他的公眾號上最受歡迎的文章之一。

以前我去拜訪別人或者見客戶之前，特別恐懼別人問出我不懂的問題，覺得這樣會顯得我很無知，特別尷尬。所以在見面之前我會做大量的功課和背景調查。就像我在早期寫專欄時一樣：每週為了寫好一篇一千多字的專欄文章，我每天會花六小時閱讀與這一話題相關的背景資料，包括觀點、評論、報告、各個維度的事實，全都會搜羅一遍。

在《見字如面》節目組參與籌備《一生之書》這個欄目時，《失控》的討論會之前我花了一週時間又通讀了一遍這本七百頁的大部頭，在網上看了許多關於這本書的解讀，還給《失控》在中國的出版人趙嘉敏打了一個電話，瞭解了他對《失控》的理解和看法。

第一場討論會進行了三小時，第二天我收到節目組的消息：

> 師老師，我們組內討論了一下，希望您來擔任《失控》主策劃人。

《失控》是一本大部頭，對於很多人來說閱讀和理解的難度較大。所以這本書在第一季節目中被撤掉。雖然被撤，但我並不覺得自己的時間白費了，對於自己而言，時隔多年又重新熟悉了這本書。而在對待合作上，我也做到了盡心盡力。

二〇一七年，「三節課」創辦人後顯慧約我聊一個合作專案，那一段時間我們每個月都會見一次面。為了深入瞭解他這個人，並且能在溝通中能達到一定的交流深度，我讀了他寫的《產品的視角：從熱鬧到門道》，從中獲得了很大的啟發。後來，我有一個發現：很多作者會把自己內心最真實的想法，寫在自己的文章和書裡。在面對面打交道的時候，這些思考反而不一定會表達出來。一來，平時與人見面，交談雙方會有特定的目的和議題，大家會基於具體的目的與議題去討論；二來，只有在比較深入的交流狀態中，人們才會逐漸把自己內心深處的想法表露出來。

李笑來因為投資比特幣而獲得很大收益。當他在媒體上被報導之後，他周圍的朋友問他：「這麼好的事情你怎麼不告訴我，讓我也跟著一起賺錢啊？」他聽完大笑：「我最開始接觸投資比特幣時，已經把自己對比特幣的所有思考全都寫了下來，公開發布在網上了啊！」

因為這種提前做足功課的習慣，我發現自己愈來愈能夠透過文字觸碰到別人的精神世界。現在我讀書時似乎總能通過某幾個片段，窺探到作者內心的一些想法，與作者對話，並建立內在的連接。雖然這些作者我都沒見過，也沒有和他們聊過天。

我有一位朋友叫浩之，他特別擅長做圖解，我給他取了個外號「圖解小哥哥」。浩之也有提前做功課的習慣，而且做得更極致。在見一個陌生人之前，他會列出若干個可能被問到的問題，然後列出這些問題的答案。他給自己立的標準是：至少能回答出五個問題。他說，雖然別人一般不會問那麼多，能充分準備五個以上，就能保證自己不會被問倒。

精進：從成為群體裡最差的人開始

上大學的時候，曾看到一句對我影響很深的話：你的環境決定了你是一個什麼樣的人。自此以後，我刻意給自己打造了一個知識密度高的環境——英文特別差的我強迫自己處在一個滿是英文內容的環境。

我的做法是，開始去譯言網翻譯文章，把自己浸泡在《紐約時報》、《紐約客》等媒體提供的語言環境之中。

再後來，我開始在社交平台上訂閱英文科技新聞和評論，訂閱了一百多家媒體，每天花六至八小時在閱讀上面。當時我的英語水準剛過大學英語四級，後來我的專欄文章主要得益於這段時間大量的資訊輸入。當時我每週寫一篇一千多字的科技專欄文章，為此投入的閱讀時間每週超過四十小時。雖然我沒有受過專業的媒體寫作訓練，但是我回想起來，發現這段經歷讓我在資料搜集的扎實度、資料引用的嚴謹度，以及邏輯思維的訓練上，都打下了非常扎實的底子。

姜文是我特別喜歡的導演和演員，他拍電影時非常注意細節的掌握。比如在《邪不壓正》片尾有一個鏡頭，一群日本兵進城。他找了一群十三四歲的男孩去演這個情節，他說因為現在的人個頭普遍比那時候的人要高，如果讓成年人去演，個頭會比抗日戰爭時期的日本兵高很多，效果不真實。

這是一個全景鏡頭，不仔細看的話普通觀眾根本看不出來，但姜文對此非常在意。他說：「你去看當年的照片，就是這個樣子。在電影裡也要做成這個樣子。」

在拍攝處女作《陽光燦爛的日子》時，姜文把演員們送到京郊良鄉的一個部隊汽車團，切斷一切對外聯繫。讓他們看那個時代的報紙，每天聽革命歌曲，看蘇聯的老電影，給他們看當年的黑白照片，把當年的老頑主找來和他們聊天，請雜技團的老師教大家騎自行車。

此外，姜文還讓所有演員圍坐成一圈，一遍一遍地讀劇本。這一招是姜文從謝晉導演那裡學來的。姜文拍《芙蓉鎮》之前，謝晉就組織劇組演員讀了大半年的劇本，還讓他們下鄉體驗。

謝晉和姜文的這種做法，就是讓所有演員沉浸在電影裡那個年代的氛圍中。我管這叫浸泡式成長。把你扔到一個相應的環境裡，你自然就泡熟了。多年後再回想自己那一段閱讀經歷，我非常慶幸曾把自己浸泡在優質的英語閱讀環境中。

我們現在愈來愈注意自己吃進去的食物裡是否有地溝油、是否有添加劑，以及卡路里攝取量是否太高，可是我們對大腦「吃進去的食物」是否也有足夠的關注？買新鮮和頂級的食材，需要更好的物質條件；而閱讀頂級的精神食材，卻不一定需要付出太昂貴的代價。環境決定了你的高度。從現在起，為自己營造一個高品質的資訊環境。

努力成為你圈子裡最差的人

美國傑出的商業哲學家吉姆．羅恩（Jim Rohn）曾經提出著名的「五人平均值」（Average of Five）理論——與你親密交往的五個朋友，你的財富和智慧就是他們的平均值。在財富上的具體表述是：你的收入是身邊交往最多的五個人收入的平均值。雅虎的前CSO（策略長）提姆．桑德斯（Tim Sanders）也說過：「你的社交圈就是你的淨值。」如果你能交往到比自己厲害的人，你的價值也會得到升值。

二〇一九年三月，我去深圳辦線下私房課期間約見了「鯨打卡」創辦人，「鯨打卡」是行業裡成長非常迅猛的一家公司。不到兩年時間，它便獲得了多家知名投資機構的數千萬元融資。我問他：你為什麼要融資，為什麼選擇目前的這些投資機構？

他思考了一下，回答說：「因為『鯨打卡』這款工具是用來給學生寫作打卡用的。我們的客戶來自教育行業，但我不是做教育行業出身，所以我選擇投資方的一個原則是，看這些投資方是否投資過足夠多體量足夠大的教育公司。目前我們的投資方所投資的教育公司有幾百家，其中不少是細分領域裡數一數二的公司。」

「另外，」他接著說，「我平時喜歡跑步，一個人跑不一定能堅持得下來，但是如果跟著一群人跑，不知不覺就跑完了，甚至還能跟上他們的速度。在投資方的CEO（執行長）群裡大部分是B輪、C輪甚至更後期的公司創辦人，而我是A輪的公司。在這個群體裡，我是『最差』的。在這樣的群裡當一個『最差』的CEO，我感覺特別好。」

聽完他的回答，我覺得他特別有智慧——努力成為這個圈子裡最差的人。在這樣的環境下，你很容易逐漸變得愈來愈好。每往前一步，都是超出期待的。

這讓我想起來自己的成長經歷。在我的中學同學圈裡，我們一群經常一起玩的同學中沒有一個考上大學。我在初二的時候離開了老家，去湘潭上中學。剛去時我的成績在最後梯隊，後來逐漸到了中間水準。高中時我進了省級重點中學。我的成績時而靠後，時而在中間。雖然高考時我的分數並沒有上本科線，但已經是老家朋友們中最高的了。我復讀了一年，高考分數超出了本科線二十多分。雖然成績不算好，但總算跟了上來。

我老家所在的縣城是國家級貧困縣，資訊和交通都非常閉塞。我小時候坐車去離家最近的一個城市需要花六至七小時，而且要走很長一段石子路、泥巴路，再加上盤山公路，左拐右拐，坐一趟車下來，整個人被顛得魂都要沒了。再加上二十世紀九〇年代後期深受港片影響，當地的青春期男生時不時就到街上打架，學習的環境和氛圍就更差了。復讀的時候，高考前半個月我的同桌出去打架，右手被砍傷了筋，幾乎無法握筆，只好放棄那一年的高考。

上大學之後，我開始通過網路，通過譯言網接觸國外的媒體資源，我才開始有意識地為自己打造專屬的資訊環境。而在十幾年後的今天，我通過創業有意識地搭建自己的人脈環境。比如在「師北宸寫作訓練營」裡，我們的課程和任務每一期都一樣，但是很多同學連續報三期、十期。因為這裡的社群環境，讓很多人很想在這裡待著。在這個環境裡不知不覺就能結識更多更優秀的人，獲得更好的成長，這也讓他們有更大的動力在這裡持續成長，並且幫助別人成長。

不斷努力成為一個更高層次的群體裡最差的人，這樣你就會不停地成長。在網路、社交網絡以及線上社群發展如此迅速的今天，我們有更便捷的方式為自己打造一個讓自己可以「浸泡」在牛人圈的環境，像他們一樣思考和行動，慢慢地，你就是這些牛人中的一員。

找一個優秀的人，幫助他人，也成就自己

《別自個兒用餐：製造機緣、串聯社群，把路人變貴人的33個人脈法則》（*Never Eat Alone, Expanded and Updated: And Other Secrets to Success, One Relationship at a Time*）的作者啟斯・法拉利（Keith Ferrazzi）提到過一個故事，他小時候曾給當地一位有名望的富商勃

蘭特夫人當球童。他事無巨細，儘量把服務做到周全。比如，他會在勃蘭特夫人打球的前一天早上沿著球場走一遍，查看定位點的位置，試驗每一個坡度的球速及方向，盡全力幫助勃蘭特夫人贏得每一場比賽。勃蘭特夫人忍不住在朋友面前誇獎他，很快地，勃蘭特夫人的朋友也開始邀請他做球童。

在接下來的幾年，他幾乎成為勃蘭特家族中的一員，勃蘭特夫人為他介紹了幾乎所有可以幫助他的人。

後來，法拉奇成了好萊塢知名媒體行銷公司「雅亞媒體行銷公司」（Ya Ya Media）的CEO，以及《華爾街日報》、《哈佛商業評論》等多家媒體的專欄作家。

在《我不是藥神》裡出演「黃毛」，以及在《無名之輩》中出演匪徒的演員章宇，後來參演了一部文藝片《大象席地而坐》，拍這部電影時他只拿了三千元片酬，電影上映後獲得了特別好的口碑。《大象席地而坐》獲得了臺灣金馬獎最佳劇情長片和最佳改編劇本，以及柏林電影節最佳處女作獎特別提及。這幾個獎項在電影界的分量舉足輕重。為了出演這部戲，章宇推掉了二十多個劇本。在這部電影裡，他讓觀眾記住了他出演的角色。他的友情出演，也幫助導演成就了這部電影。

《人生定位：特勞特教你行銷自己》（*Horse Sense: The Keys of Success Is Finding a Horse to Ride*）裡有這樣一段話：

如果你關注自己，你就只有一次機會贏得比賽。如果你開闊眼界，把他人也納入你的關注之中，那麼你的勝算將大大提高。如果能更進一步擴大視野，你將會發現更多的機會，產品、創意、天時地利、公眾知名度——這麼多的駿馬都能幫你贏得比賽。為什麼還要把注意力集中在自己身上呢，畢竟單憑自己，你只能有一次獲勝的機會。敞開你的胸懷，你就能擁有成千上萬的機會去博取成功。

你與你的主管、客戶、合作夥伴、朋友，都是這樣的關係。努力成就對方，就是成就你自己。

打造優質朋友圈，珍惜每一個珍惜你的人

在電影《獨自等待》裡，一次偶然的機會，男主角陳文認識了劉榮，他們一起吃飯、去遊樂場玩耍，一起購物，一起看藝術展，還到劉榮的古董店參觀，每一次接觸都讓陳文非常開心。在每一次的接觸中，他都發現，劉榮完全符合他夢中情人的各種條件。陳文覺得自己非常幸運，希望和劉榮的關係能再進一步。

接下來，陳文在每一個細節上試探劉榮，比如飯桌上的悉心照顧，見面時不經意的碰觸，用開玩笑來試探，所有這些希望進一步加深雙方關係的舉動，都被劉榮輕鬆迴避。

後來陳文準備向劉榮表白，扛著一個大錄音機，播放動人的情歌，在劉榮劇組的宿舍樓下示愛，結果弄得劉榮很難堪，她指責陳文幼稚。後來陳文找了一個私下的場合正式向劉榮表白，結果劉榮說：「我們兩人是好朋友，沒有必要今天確定，以後可以繼續相處。」

這讓陳文飽受折磨，他覺得自己失戀了，不停地找自己多年的好友李靜傾訴。

後來，經朋友提醒，陳文發現李靜珍藏了從高中以來陳文送給她的所有禮物，李靜比其他人更關心自己。陳文想當作家，其他人都取笑他，但李靜每次都會認真閱讀他的作品，並給出建議和鼓勵。

在陳文意識到李靜是身邊真正對自己好的人之後，李靜已經決定要去南方工作，陳文雖然努力挽留，但李靜還是選擇離開。當他意識到李靜對他的愛時，為時已晚。

在我看來，選擇人生伴侶和選擇事業夥伴有很多共通之處。當你心心念念地追逐某個人時，如果把焦點轉向周圍，你會發現更重要的人可能就在你身邊。

有一天，我看李笑來老師發了這麼一條朋友圈——當年你還不牛的時候珍視你們友誼的人才值得珍視。電影《飛馳人生》中有一句類似的台詞：「人在順境中的友誼可能並不那麼堅固。」

當你去追逐所謂的牛人的時候，那些一直支持和鼓勵你的「普通人」可能反而被怠慢了。很多人對對自己好的人視而不見，甚至認為別人的付出理所應當。而當這個人離開的時候，他們又追悔莫及。

分享你的認知盈餘

剛畢業不久，我在一位資深媒體人的引薦下和某門戶博客頻道負責人聊過一次，之後他給了我副主編職位的錄用信。當時的我不想去大公司，婉拒了這次機會。

這位引薦我的資深媒體人叫安替，是TED[1]大會的演講人，曾因在新聞事業中的突出貢獻獲得哈佛大學尼曼獎學金，還做過《紐約時報》記者。他每天靠翻譯《經濟學人》學習寫作的方法，給了我很大的啟發。

安替覺得我有很強的新聞敏感性。我也從沒有在媒體行業做過一天新聞工作。但是我每天都會做一件事情——在社交網站上分享有價值的新聞和評論。他關注了我，並經常轉發我發布的內容。

我從來沒有向他求助過：「安替老師能不能幫我推薦一份工作？」但我通過分享認知盈餘，獲得了一次很好的機會。

分享認知盈餘的前提是，先將自己在某個細分領域的能力盡可能錘煉到最好。

有一句諺語是這麼說的，不要花時間去追一匹馬，用追馬的時間種草，待到春暖花開時，就會有一群馬任你挑選。

在寫作私教課上，我會詢問每一位來諮詢的學員：「你的興趣點在哪裡？你擅長什麼？你要成為你所在領域的專家，並通過寫作分享出來。」

剛畢業的幾年裡，我沒有在媒體行業工作過，但我非常喜歡科技和媒體內容，我每週都閱讀大量國內外的優質媒體報導，不知不覺，就處於資訊上游。

當時，我每年要花幾百美元去訂閱一家專業媒體BII（商業內幕情報，商業內幕旗下的市場研究機構）的數據報告，每個月，BII都會發布多份不同話題的數據報告，比如《二〇一三年移動網路趨勢報告》、《移動電商》等，通過數據分析，報告對前沿趨勢有非常客觀的分析、洞察和判斷。這些專業數據報告讓我的專欄文章的內容更加扎實，更有洞見。

分享是網路時代精神的體現。過去，人們在電視機前消費閒暇時間，而現在，人們可以通過網路進行分享和創造。如果人們能將更多的時間用於創造，而不是消費，這將為社會帶來巨大的財富和價值。

網路發展最重要的意義是，你可以突破時間和地域的限制，更便捷地與別人溝通與協

1 Technology（技術）、Entertainment（娛樂）、和Design（設計）的首字母縮寫，一家以「傳播一切值得傳播的創意」為宗旨的私有非營利性機構。——編者注。

作，你的業餘時間，也可以被組織起來構建出專業的產品。維基百科、Linux（類UNIX作業系統）等，都是一群非專業人士不計報酬，利用自己業餘時間所完成的大工程。這樣的行為模式被稱為「認知盈餘」。

在網路時代，生產門檻急速降低，你可以輕易地從一名消費者轉變為創造者。比如：

○過去，製作影片是門檻極高的工作，需要專業的設備和技術；但是今天，用手機就可以拍攝、製作短片，上傳到影音平台，甚至成為網紅（「網路紅人」的簡稱）。

○過去，寫作是一項門檻很高的工作，尤其是寫完之後，如何讓更多人看到你的文章；但是現在，你可以很輕易地開通一個微信公眾號，花幾分鐘時間，就可以把你寫的文章發表出去。

○過去，要想聽課，你必須得在課堂裡聽老師講課；現在，因為網速足夠快、手機支付工具足夠便捷，多媒體呈現效果逐漸完善，大家可以通過網路在線上聽課，與此同時，每一位學員都有可能參與到課程製作之中。你的作業、留言、回饋，都有可能被引用到課程內容裡，每一位學員在某種程度上都成為生產者。

如果徹底釋放大家的認知盈餘，能產生多大價值？

我剛畢業時加入的譯言網，就是一個典型的用戶通過自己的認知盈餘建立起來的網站。譯言網最開始只有三四名編輯，但是每天有一百五十篇譯稿發布：編輯的職責並不是翻譯文章發表出去，更重要的是創建規則、維護規則，引導社區良性互動，並提供一定的激勵機制來鼓勵優質內容生產者參與內容翻譯。

國內影響力巨大的科技媒體「36氪」最早就誕生於譯言網的一個小組，這個小組的前身叫「TechCrunch 中文站」，TechCrunch 是國外的一家知名科技媒體，當時 TechCrunch 中文站的核心成員每天翻譯 TechCrunch 上面的文章，不僅積累了一批忠實的讀者，也吸引了一批優秀的譯者。後來 TechCrunch 中文站單獨建立了一個網站，再後來他們開始融資，並改名為36氪。

這是發生在身邊的認知盈餘的例子。這就是所謂「無組織的組織力量」的體現。可以利用業餘時間參與一些專案，或者自訂一個專案，持續為別人提供價值，一定會有回報。英語裡有一個特別美好的詞叫 Serendipity（意外的發現），也可以解釋為「機會」或「機遇」。很多時候幸運看似偶然，但當幸福來敲門時，你也得在門後面，不是嗎？

只有自己足夠優秀，才會吸引優秀的人舉薦你。而優秀的人認識你、幫助你，也可能是在為他們的未來做投資。你一定要讓自己配得上別人的投資。如果你遇到的貴人足夠多，那是因為你也是貴人。

就像巴菲特的合夥人查理·蒙格所說的：「想要得到某樣東西，唯一的辦法是使自己配得上它。」

努力把自己打造好，貴人自然出現。

讀者不需要你完美，而需要你誠實

很多人在寫文章時有很多顧慮，擔心自己說完某句話被人看不起，擔心老講自己好的地方會讓別人覺得自己太驕傲，擔心自己寫出來的文章沒有文采，讓別人覺得自己水準不行，擔心寫了錯別字被人嘲笑……

我曾請教阿鈺老師，人們在日常溝通中出現的最主要的問題是什麼。她回答：「溝通前的內耗。在與別人溝通前自己內心七上八下，想吐露心聲，卻害怕被拒絕或別人被傷害；想討好對方，自己又不舒服，覺得沒有『做自己』。這樣的模式，我稱之為『溝通一分鐘，內耗一小時』。」

我們習以為常的「對錯教育」，或者說「標準答案式教育」讓我們在做選擇、做判斷的時候，會習慣性地詢問權威人士：「老師，我這麼做是對的嗎？」

當我們獲得的答案是對的時候，就會心滿意足，覺得這個問題已經被解決了。當我們得到的答案是錯時，我們便會自責、愧疚，否定自己，或者把問題扔到一邊，選擇迴避。

在工作上，我們也是如此，老闆指派給你任務，等你完成後去向老闆交差時，若老闆點點頭，你覺得「工作搞定了」；若老闆皺眉頭，你覺得「完蛋了，工作沒做好」。在把任務交上去之前，擔驚受怕；一旦任務被認可，好像這項任務就完成了。

可是，僅僅是獲得認可，事情就解決了嗎？有這樣一個故事。

很久以前，有個學生的物理學得很好，在一次考試中，有一道題，老師給了他很低的分數，這道題目是「怎樣用一個氣壓計測量建築物的高度？」

這個學生回答：「去建築物的頂上，將氣壓計扔下來並開始計時，聽到落地的聲音，再通過重力加速度公式計算出建築物的高度。」

出題者的本意是希望學生利用所學的氣壓知識計算建築物的高度，卻沒有從這個學生的答案中看出來他懂得氣壓知識，所以老師沒有給高分。

這個學生找到老師，對低分表示抗議。老師說，只要他能再想出不同的辦法來解決這個問題，就給他高分。

這個學生稍稍思考就回答：「可以用氣壓計敲開建築物主人的門，直接問他。」

老師沉默了一會，問：「你還有其他辦法嗎？」學生說還有很多，比如用一根長線綁著氣壓計從樓頂垂到地面，通過線的長度測量建築物高度；或者把線當作鐘擺，通過鐘擺的運動來計算建築物的高度，等等。

最終老師決定給這個學生滿分。故事中的學生就是年輕的尼爾斯・波耳（Niels Henrik David Bohr），後來他成了著名的物理學家，因為發現了原子中的電子而聞名於世。波耳不僅知道怎樣得到答案，而且對問題的思考更為全面，他可以通過更多角度看待問題，想出多種答案。

在這個世界中，我們面對的任何一個問題，解決的方法往往不局限於一種。

如果讓你寫產品宣傳文案，老闆說：「不錯，把它放到產品宣傳手冊裡去。」可消費者讀完卻對產品產生了錯誤的理解，這時候你會做什麼選擇？是視而不見，還是詢問一下消費者究竟哪裡不理解，然後改到能讓消費者理解為止？

在這個情境裡，你面臨著「標準答案」與現實回饋的衝突。「老闆說可以就可以啦，為什麼要給自己增添煩惱？我的工作已經很忙啦，而且這是老闆點頭說可以的，我不用為此承擔責任，他說了可以之後，這個文案的好壞，應該由他來承擔責任。」

我並不想深入討論責任的問題，這是一個更為複雜的命題，儘管它也非常重要，且值得深入討論。我想在這裡和你分享的是：所謂的犯錯不一定是真錯，更可能是一個信號。

在和我的合夥人高潔一起創業之前，她在插坐學院負責兩萬多人的學員社群的營運，我的職場寫作課的社群也是由她負責創建和營運的。當時我問了她一個問題：為什麼有些人不願意在群裡發言？

高潔說，據她觀察，有這樣兩種情況：

○知道很多道理，但是幾乎沒有通過自己實踐得出來的，覺得沒有什麼可分享的，或者不敢分享。

○懂專業知識，但看到群內大咖分享，覺得自己和大咖相差甚遠。比如大咖講了一套戰略或者思維框架，有些人感覺自己的觀點淺顯可見，說了也沒有那麼大價值。

這兩種情況可以用一個詞來概括，就是怯場。

一個小小的社群，在某種程度上也是「公眾場合」，相比於線下活動，線上社群的好處是你沒有完全暴露在別人面前，你可以藏著，這樣就「不會露怯」。而關於怯場這個詞，喜劇演員宋飛曾說，有些人寧願躺在棺材裡，也不願意在葬禮上對著所有人念悼詞。這樣的說法比較誇張，但也足夠說明怯場對很多人來說是一件很難跨過去的坎兒。

當我們需要在公共場合吸引別人的注意，或是盡可能吸引所有團隊成員的注意的時候，可能會怯場。

乍一看，犯錯似乎是很嚴重的事。可是，如果善加利用，你還有機會扭轉局面。它的前提是，你要接納自己的「錯誤」、「缺點」、「劣勢」。此外，你還要有獨立思考和判斷的能力與勇氣，這意味著不要盲信或迷信權威，而要選擇傾聽自己內心的聲音。

我和別人提到自己曾經在譯言網翻譯過很多文章時，別人常常會說：「那你英文一定很好啦！」我說：「不是不是，正是因為英文不好，所以要多翻譯。」在公眾面前表達是一件很困難的事。如何應對？硬著頭皮，更多地表達，用脫敏療法來對抗它。

不要害怕犯錯，該掉進去的坑，遲早都會掉進去，不如早一點掉進去。

這一年多以來，我為自己的寫作課寫過十多個宣傳文案，其中一稿改了十幾版，好幾次完全推翻重來。我會把文章發給二十多個朋友和目標用戶，讓他們告訴我哪一句讓他們眼前一亮，受到啟發，哪一句讓他們覺得無聊、沒勁。一篇將近五千字的稿子，是在別人挑出來各種「錯誤」之後，才逐漸完善的。

《西遊．降魔篇》正片中一段黃渤和舒淇一起跳舞的鏡頭，那其實是黃渤和舒淇在片場跳舞跳嗨了。導演周星馳卻覺得那一段很出彩，沒有喊停，反而收錄下來，放在了正片裡。《西遊．降魔篇》我看了好幾遍，每次看到那一段都覺得很有意思。你在寫文章時可能會偏題，或者寫錯字。偏題就偏題吧，錯了就錯了吧，也許讀者能讀到的你是一個鮮活的人。

初學者的優勢

娜塔莉．波曼（Natalie Portma）是一名童星出身的演員，十三歲時就出演了《終極追殺令》（Léon），之後憑《黑天鵝》（Black Swan）獲得了奧斯卡最佳女主角獎。一九九九年，她考入哈佛大學心理學系。剛到哈佛大學的時候，她承受著巨大壓力。但是很快，她找到了自己的優勢：

> 你不會拘泥於特定專業的思維定式，你會問別人以前沒有問過的問題，並用別人想不到的方法來解決問題。

初學者的優勢是，沒有條條框框的束縛，他們會問一些在內行看來不是問題的問題，而這恰恰是更多人關心的問題。我在見寫作課學員的時候，最好奇的是大家會提出什麼樣的問題，大家聽完我的課有什麼感受。我以一個初學者的方式去思考這門課程，才能真正解決一些更多人認為重要，而不只是我認為重要的問題。

「微信之父」張小龍對產品經理有三個「一」的要求，這三個「一」分別是：

〇一千：每個月要在微博、QQ空間等談論相關話題時，與使用者互動一千次，點讚也算；

〇一百：每個月要看一百篇重要的行業分析文章；

〇一十：每個月要與用戶深度互動至少十次，最好是深度訪談；

每月堅持完成這三個「一」，你就能成為優秀的產品經理。最優秀的產品經理的標誌是什麼？能立刻切換思維模式，以一位「小白」用戶的思維方式和操作習慣去使用產品。

二〇一九年，米未傳媒上線了一檔綜藝《樂隊的夏天》，邀請了國內三十一支樂隊參演，大部分樂隊的風格都是搖滾。馬東是一個搖滾音樂的門外漢，而他卻要負責主持這一檔專業性極強的節目。他的同事、這檔節目的製作人牟頔要求他「節目錄製之前，不要跟這些樂隊接觸，也不要聽他們的音樂。你要以一個完全『小白』的狀態出場。」

初學者提出的問題可能恰恰是專家所需要的，甚至能迅速激發別人的好奇心、探索欲。利用好自己的初學者優勢，你就能出奇制勝。

真實，讓你在寫作中披荊斬棘

在寫作訓練營裡有一位組長叫燕子，她負責營運的小組有著非常優秀的成績：學員交作業率達到一〇〇%。為了讓你意識到這個資料有多麼厲害，我列舉幾個行業平均數字：一門課程有三十節，最後一節課程的平均收聽率是一五%。聽完還願意寫一寫評論、記一記筆記的呢？一五%裡的一〇%，也就是一．五%，即每一百個學員裡只有一至二個人。

燕子負責的小組交作業率達一〇〇%。要知道，我們的作業不是一兩句話打卡，也不是一兩段話，而是要寫上千字的文章。二十一天的寫作課，一共要交九篇作業。

大家都很好奇她是怎麼做到的？

她說：「我從來不催同學們交作業，我只關心他們的感受。」

為了讓學員交作業，很多人採取的方式是，每天提醒好幾次：「親，記得交作業哦」、「同學，明天之前交作業會獲得助教點評哦」、「同學，你報了課，別浪費錢，一定要寫作業哈」……

當一個人決定學習的時候，他是做好了準備來學習的。當他不聽課、不寫作業時，也一定有原因：要麼工作太忙了，沒顧得上；要麼家裡有緊急的事情需要去處理；要麼在課程上又碰到了困難，沒有得到解決；要麼就是犯懶了，不想寫……

無論是何種原因，他內心一定是想學習、想成長、想提高的。有一位組長碰到一位學員沒有交作業，去問對方：「後台還沒有看到你的打卡記錄呢？」

學員說：「謝謝組長！可能報的課程時間不對（已經報了申退不了），群裡發的內容我都會看，但是家裡有事恐怕不能即時完成任務，再次感謝。」

她回覆：「呃……不要呀！可以先完成……對了，你現在有重疊課程（同時在上的課程）嗎？

學員說：「沒有啊，這是頭一次報名。」

她回覆：「明天找你聊。」

第二天下午，這位組長給學員發微信：「我來敲門了。」

對方沒有回覆。

再過了一天，她又給學員發微信：「《我們為什麼要上學》演講影片連結需要嗎？」緊接著，她收到微信官方的提醒：「對方開啟了朋友驗證，你還不是他（她）朋友，請先發送朋友驗證請求，對方驗證通過後，才能聊天。」

她被對方拉黑了。

過後，她把這件事發到營運群裡討論，燕子看到後，跟她說：「如果她說家裡有事，就相信她家裡有事，讓她處理好家裡的事情。先關心人家的感受，不要總盯著作業。」

她們的這段對話給我帶來強烈的啟示：當對方在講述自己的狀況時，你相信就好了。當你只盯著作業的時候，你會搞砸；當你不盯著作業的時候，你卻能把這件事情做到最好。交作業是目標，關鍵動作是感受和信任。如果你把催作業當作關鍵動作，事情很容易搞砸。

後來燕子分享了她的一段體悟。在徵得她的同意後，我把她的體悟放在這裡：

> 用戶不需要你完美，他們需要你誠實。
>
> 讀到這句話很有感觸。很多時候我們跟用戶或者陌生人打交道時，會有意無意地掩飾自己不完美的一面。
>
> 比如我，之前很擔心人家因為我初中學歷嫌棄我沒文化，一開始盡可能不說話，不得不說時就會到處問、查資料，確保自己不出醜，自以為完美，其實經常出醜。最後我發現只有自己在乎這些所謂的完美，對方一點都不在乎。他們只在乎跟你相處是不是安心舒服，你若不真誠，別人是能感受到的。
>
> 從表面上看，對別人誠實是為別人好，其實是在為自己增加底氣。虛假的話說多了容易底氣不足。

當我大大方方跟人家說我沒什麼文化，這個我不懂那個我也不懂時，我發現大家都非常友善，都能包容我的不懂。我也覺得自己更有底氣去做更多自己擅長的事。

我們為什麼不敢誠實？害怕別人看不起、看不上自己。害怕被別人看不上其實更多是一種不信任。

如果你不相信你的讀者會理解你、體諒你，並且一直與你站在一起，那麼你在寫作時很容易把真實的自己包裹起來，掩蓋在厚厚的偽裝下。如果你覺得讀者不可信任，那麼你很難要求他們以信任回饋你。

記住，讀者不需要你完美，他們需要你誠實。

你的缺陷也是你的武器

在美劇《冰與火之歌：權力遊戲》中，有一個著名的角色叫提利昂·蘭尼斯特（Tyrion Lannister），外號「小惡魔」，他是一個侏儒，身高只有一百三十五公分，他的母親因為生下他而死，而侏儒也被視為不祥的怪胎。蘭尼斯特家族是貴族，他的姐姐是王后，他的哥哥在十五歲時就加入了先王的御林鐵衛隊伍，是御林鐵衛中最年輕的成員，也是最知名的騎士。「小惡魔」的父親愛他的姐姐和哥哥，對他卻極為嫌棄，總是找他的茬，甚至找各種機會處死他，所以他也沒有繼承權。

劇中的男主角瓊恩．雪諾（Jon Snow），他的身分是私生子。其家族招待國王時，他的兄弟姐妹都在宴會上招待達官貴人，而他只能在門外用刀砍木頭人發洩自己的憤怒。即使是僕人也可以出入宴會，他卻因私生子的身分而不能與國王和貴族們待在一起。

侏儒和私生子，是「小惡魔」和瓊恩．雪諾身上的缺陷，這樣的缺陷，從他們出生的那一刻開始就在他們身上，無法矯正。

劇中，「小惡魔」對瓊恩．雪諾說了一句話：「永遠不要忘記自己的身分，因為這個世界不會忘記。用它來武裝自己，就沒有人可以用它來傷害你。」

卡爾．羅傑斯是人本主義心理學家代表人物，他曾用這樣一段話，談論自己如何寫作：

當我開始寫作時，我不太能跟自己貼得太親近。很容易因為寫一些容易獲得贊同、受同事歡迎，或者比較流行的主張而分心。我怎樣才能聽從於自己正想說、想寫的呢？其實，這是一件困難的事情。很多時候我甚至很有技巧地讓自己聽從內心的想法。我會告訴自己，我寫書不是為了出版，只是為了自己得到滿足。

我會在一些廢紙上寫東西，這樣就不會責怪自己浪費紙。我粗略地卸下自己腦袋中的想法和感覺，很雜亂地寫，沒有成任何連貫和組織。這樣，我就能更接近真實的自己，接近自己的感受和想法。在這個基礎上寫下來的東西，我從來沒有感到愧疚，而且經常拿出來與其他人深入討論。當我感覺與自己很緊密、與自己深藏在表面下的情感和感覺很親密時，我會非常高興。

你不一定是專業的寫作者，但你可能也在發朋友圈、發微博的時候有過「很容易因為寫一些容易獲得贊同、受同事歡迎，或者比較流行的主張而分心」的經歷。

有不少專業的文字工作者來到寫作訓練營，包括經常為企業撰寫新聞稿的總裁助理、新媒體編輯還有廣告文案人員，他們往往對這兩句話極有共鳴：「粗略地卸下自己腦袋中的想法和感覺，很雜亂地寫，沒有成任何連貫和組織。這樣，我就能更接近真實的自己，接近自己的感受和想法。」

有一位從小喜歡寫作的同學告訴我，我的寫作訓練營讓她「重新建立了與文字的連接，對文字更加信任了」。這樣的感受，其實就是通過文字「與自己深藏在表面下的情感和感覺」變得更親密。

老師不是告訴你如何成功的人，而是告訴你，他有自己的局限，並讓你產生自己有可能超越老師的信心的人。

梁冬曾說過：

老師分為兩種，一種是你隔著課堂（或者App），作為消費者去買他的知識；另外一種是你天天跟他生活在一起，他被自己老婆折磨、被笨蛋兒子折磨、被不靠譜的父母折磨，然後狼狽地把落荒而逃的樣子真實展現給你看的人。如果你能夠有幸見到一位你以前認為很了不起的大人物窘迫的樣子，你就會生出一種「原來他也就這樣，我可以超越他，直接向他的源頭學習」的信心，這就是大宗師。

只有初中學歷的燕子是大宗師，極度真實的卡爾・羅傑斯是大宗師，《權力遊戲》中令父親厭惡嫌棄的「小惡魔」，也是名副其實的大宗師。你的缺陷能否成為你的武器，就看你如何使用。

真實是最大的自信

雖然我從事的工作包含了講課，我也通過講課收穫了一些好評和一些同學的支持和喜愛，可我對此其實並不擅長。我的性格非常靦腆、內向，不喜歡人多的場合，對氣場非常敏感。這樣幾個特性導致我在講課的時候非常容易緊張。有一次去一家企業做內部培訓，我一直在冒汗，講完之後同事問我：「你是不是緊張？」我問為什麼，她說：「因為台下的人看到你襯衫濕了一片。」

我覺得特別尷尬，事後每每想到，都覺得非常不好意思。在很長一段時間內，其實我是很容易緊張的，但在當時我更專注於講課，而忽略了這樣的痛苦和尷尬。「既然不知道自己在現場如此尷尬，那也就不必為此而擔憂了。」

此外，我的講課風格和很多培訓師不同。很多培訓師富有飽滿的熱情，講話語速很快，善於使用調侃幽默的手段活躍氣氛以及調動現場聽眾的情緒。我講話速度偏慢，能啟發引導現場聽眾去思考；有時候又太注重邏輯和理性，早期的風格甚至偏向一層一層的邏輯推理，別說聽半天、聽一天，可能十分鐘以後就會覺得無趣。

那要如何避免尷尬呢？我的答案是，去面對它。

在最近的私房課中，我這麼做的自我介紹：

> 我是一個極其內向、敏感、害羞、緊張、慢熱而又不擅長社交的人，我曾經在一場兩個小時的企業內訓中，花了一個半小時才進入狀態；我們這一次一共有兩天，我爭取只需要花一天就能進入狀態。另外，我講課的語速不會很快，很多地方是啟發性的，太快的話思考的空間就少了。你如果喜歡那種特別有激情的課堂，可能會覺得這節課讓你有一些不適，還請多多擔待。

在此之前，我的自我介紹很常規，它是這個樣子（見圖2－1）：

後來，我又寫了一個「B面」（見圖2－2）。

這一個「B面」的自我介紹引起了很多人的好奇，他們開始思考：「我是不是也應該有一個關於自己「B面」的自我介紹？每個人都有不同的側面，我是不是也要把不同的側面找出來？」

在認識和接納了真實的自己之後，尷尬和緊張反而都化解了。

卡爾．羅傑斯對教育有自己獨到的看法，在讀他的教育觀的時候，我摘錄了一些要點：

> 我的經驗就是我無法教他人如何去教。我認為從長遠來說，這一企圖是徒勞的。

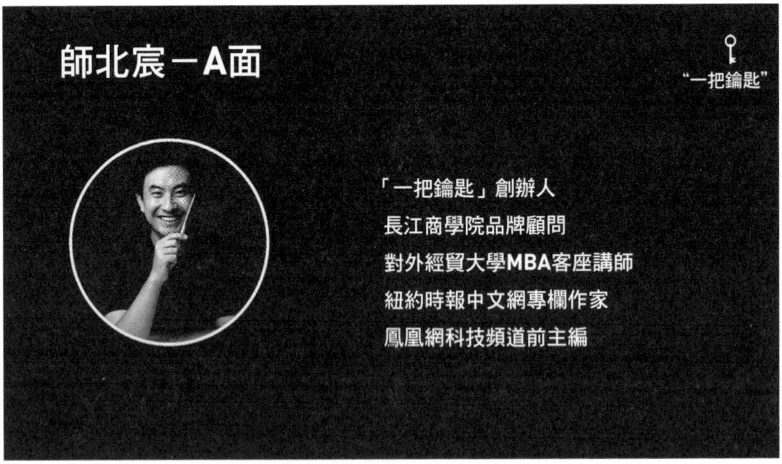
師北宸－A面
"一把鑰匙"
「一把鑰匙」創辦人
長江商學院品牌顧問
對外經貿大學MBA客座講師
紐約時報中文網專欄作家
鳳凰網科技頻道前主編

圖2-1　自我介紹的A面

對我而言，能夠教給他人的任何東西相對而言都不重要，並且對行為只有微弱的影響，甚至或沒有重要影響。

我愈來愈認識到我只對那些能對行為產生重要影響的學習感興趣。

這種自我發現的學習，即個人從經驗中挖掘並吸取真理，是無法與他人直接交流的。一旦個體想要直接交流這種經驗，常常帶著一種自然的熱情，這就變成了教，而其結果是一無所獲。

這些表述，與我日常的觀察和體驗非常一致，針對這些觀點，我寫了幾段自己的感受，貼在個人的「知識星球」帳號中：

雖然剛創業一年多，我其實幾個月前就失

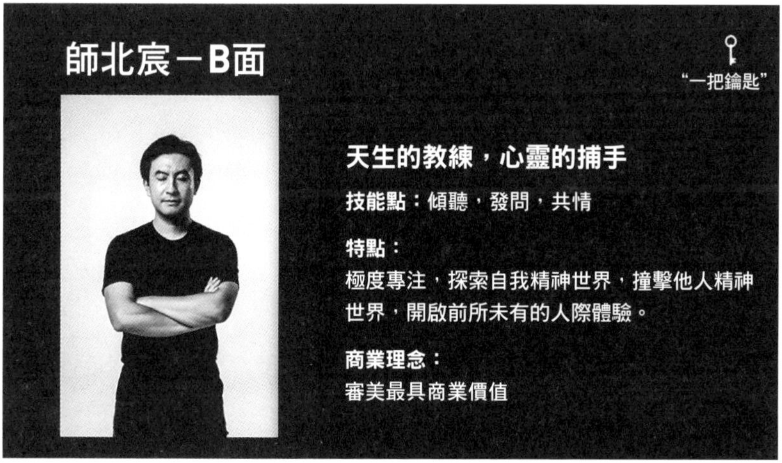
師北宸－B面
"一把鑰匙"
天生的教練，心靈的捕手
技能點：傾聽，發問，共情
特點：
極度專注，探索自我精神世界，撞擊他人精神世界，開啟前所未有的人際體驗。
商業理念：
審美最具商業價值

圖 2-2　自我介紹的 B 面

去了當一位老師的興趣，我對老師的定義是，得教給學生一整套體系和方法，我對所謂的「體系化」愈來愈疑惑，體系化愈強，對我的束縛愈強，現場能教的可能性反而變得愈少。

我所感興趣的只是「分享」、「碰撞」、「交流」、「提問」、「回應」。前幾天聽朋友談到他對「責任」（responsibility）的看法：責任，即回應的能力，也就是把 responsibility 這個單詞拆分為 response（回應）和 ability（能力）。這是一個很有趣的解讀。

看完之後，一位學員回覆我：

> 北宸老師，您是我見過最率真的老師，會坦言自己對當老師失去興趣，會以「造成破壞」和「一事無成」來評價自己的教學成果，可您帶給我們的價值也是有目共睹的。
>
> 當我日復一日做相同的事時，也曾失去興趣。但日復一日的練習，卻讓我慢慢養成習慣，在整整四個月的訓練中，您的萬能寫作法深深地影響了我。
>
> 雖然離別六個多月，但我愈來愈發現，萬能寫作法的思維方式無處不在。正是在你的訓練營裡，通過寫作，我也找到了自己後半生的使命，這樣的教學成果，價值是不可

限量的。

用萬能寫作法教寫作，對你而言可能是靈光乍現的教學思路，但對我而言，卻終身受用。所以，由衷地謝謝你！

在寫下「我其實失去了當一位老師的興趣」時，我是有一些擔憂的。因為面向自己的學員說自己不想做老師，就好像一位演員對著導演說自己對演戲失去熱情，一位歌手對自己的歌迷說自己不喜歡唱歌一樣。

但是我並不是因為個人喜好而失去了興趣，而是因為發現教別人這件事並沒有我想像中那樣有效果，甚至可能會起到反作用。然而，當你真實地面對和呈現自己內心想法的時候，反而可以獲得別人的理解和支持。

第三章

用一支筆，
把自己「賣」出去

把自己推銷出去，是你一輩子都在做的事情。「推銷」這個詞有點扎眼，但想像一下：為了追心愛的女生，你得做哪些事？寫情書，送鮮花，陪逛街——她試衣服時不經意問你意見，你還得誇得恰到好處：「這件衣服雖然賣五百元，但你穿出了五千元的效果，把這件衣服提高了幾個檔次。」

在樓下等電梯，突然碰到老闆，左右看了一圈，你發現只有自己和老闆兩個人。雖然你昨晚只睡了四個小時，手裡還拿著從便利店剛買的包子，還是得趕緊微笑：「張總，好巧啊，呵呵……」

還沒進電梯，你就開始尷尬了。

可能你早已脫離了每天擠公車地鐵、早上只能吃兩塊五毛錢一個的包子的生活，但依然面對這樣的處境：工作十幾年，想晉升，但上面的位子還沒空出來；想跳槽，自己看得上的職位有難度；找上門來的機會，你又看不上。哪怕周圍的人很認可你，可是想跳出自己的人脈圈，卻不是那麼容易。

你得開始學習如何跟別人分享自己的專業經驗，得學習寫幾篇文章在行業裡發表專業意見，甚至得學習如何向別人介紹自己。不是每個人都能透徹地理解自己的專業或在十五秒內講清楚自己做的事情。

你可能已結婚生子，兩個人待習慣了，漸漸有一點疲倦，一方面覺得對方不夠上進，另一方面好像也沒有像要求對方一樣要求自己。最主要的是，當自己要求寶寶做什麼的時候，寶寶會問：「媽媽（爸爸），為什麼你自己做不到，卻要我做到啊？」

李安接受魯豫採訪的時候，有一段話很打動我。

魯豫問：「現階段您最大的幸福感是什麼？」

李安回答道：「我太太能夠對我笑一下，我就放鬆一點，就感覺很幸福。我做了父親，做了人家的先生，並不代表說，我就可以很自然地可以得到他們的尊敬，你每天還是要賺來他們的尊敬，這個是讓我不懈怠的一個原因。」

即使是李安，回到家裡依然要想自己得做點什麼，讓他的妻子和孩子笑一笑，贏得他們的尊敬。

我喜歡追求定義。現在請你思考一個問題：如果把自己當作一個產品，你會怎麼定義它呢？或者換一個角度，如果讓你把使用過的所有產品都用一句話去定義，你會怎麼定義它們？

在讀到這裡的時候你可以停下來想一想，也可以直接看下面這個定義。

產品就是一個黑盒子。

黑盒子是什麼東西？你可能理解，也可能不太理解。

請再試著想一想你使用的電腦、手機、護膚品，以及你穿的鞋。你或許以為會使用它們就等於瞭解它們，但是當你深入瞭解它們的時候，卻發現並非如此。

以電腦為例。請問：你覺得哪個瀏覽器最好用？你的瀏覽器是電腦預設的，還是自己下載了對比體驗過的，抑或是朋友推薦的？

我以前特別喜歡某瀏覽器的一個外掛程式——用三個快速鍵，再點一下滑鼠，就能截取整個網頁。截圖過程還伴有「咔咔咔」的聲響，簡直是一種享受。

再請問：經常搜索網頁的你知道有多少句搜索語法嗎？每個月你平均會使用幾次高級搜索語法？如果你去百度搜索框，輸入這個搜索語法——「關鍵字 site:shibeichen.com 」，它代表什麼意思？你有沒有用過「or」或者「and」去搜索過？

讀到這裡的你，可能不是特別明白。

我舉這兩個例子，只是想說：你可能對正在使用的產品不夠瞭解。但當你逐漸瞭解它，你可能會對它著迷。蘋果公司每出一款新手機，我都要研究個底朝天；我曾經在瀏覽器裝過幾百個外掛程式，只為提升使用體驗；為了找到一款最好用、最適合自己的寫作軟體，我花了一千多元。

請注意，我的寫作軟體、記筆記軟體、記事本軟體都是單獨的。這就好像一個女生可能有十幾款不同色號的口紅、十幾款手鏈，可以根據心情、衣服以及要見什麼人，選用不一樣的顏色和款式。

產品是一個黑盒子，每個人也是一個黑盒子。如果把自己想像成一款產品，你是否認真思考過給自己寫一份「個人使用說明書」？商場裡一個小豬佩奇的玩具都有一張說明書，而你卻沒有。

你得寫一張說明書，讓別人知道怎麼用你。這句話聽起來有點怪怪的，但的確是這樣的。

一個好的產品，可以讓人在用過後更開心一點。就好像，看世界盃的時候，幾瓶冰啤酒和小龍蝦讓你吃得喝得開心，它們就完成了使命。

李安在奧斯卡頒獎典禮領完「小金人」回到家，第二天早上依然要去菜市場買菜，回來再給太太和孩子做一頓好吃的，盡一個丈夫和父親的責任，以此贏得太太和孩子的尊重，因為「我太太能夠對我笑一下，我就放鬆一點，就感覺很幸福」。

現在，請你再想一想，所有你喜歡的產品或者願意花高價去買的產品，甚至有可能買完被你周圍的人罵「神經病」、「腦殘」的產品，是不是讓你在買的時候、用的時候特別開心？

情緒價值是無價的。

終其一生，無論是首富、天才電影導演，還是外賣小哥，我們不過都是要盡力過上一段健康、快樂、幸福的人生罷了。能給別人帶來微笑，便是我們的終極價值——商業價值，不過是所有價值中的一個而已。

好了，就此打住，再寫下去，你會誤以為走進了「身心靈」課堂。

我寫以上這些話，不過是想傳達這麼一些資訊：

○ **除了埋頭做點什麼，你更得讓周圍的人知道你能做什麼。**

○ **你這個黑盒子的使命是創造價值，而且你總得做點什麼，讓這個目的得以實現。**

○ **你是一個產品，也是一個黑盒子。**

如果隔壁商場裡的佩佩豬都有一張說明書，你得給自己寫一張說明書吧。寫說明書，有一個更「高大上」的名字：打造你的個人品牌。你得打造個人品牌，這樣才好把自己推銷出去。從這一章開始，我們談一談如何給自己寫一張說明書。

打動讀者的「鱷魚腦」

有一次，我在做線上分享的時候介紹自己說：「大家好，我是師北宸，在領英工作。這家公司特別高大上，你得讀個商學院才進得來，比如我的同事A畢業於華頓商學院，同事B畢業於哈佛商學院，我呢，也是商學院畢業的——天津商學院……」後來一個朋友見我的時候，專門提到了這個細節，她說對這個細節記憶深刻。

還有一次我去參加一場專業活動，一位九〇後占星師這樣介紹自己：「大家好，我是薑熊貓，有三任前男友，分手後我沒和他們聯繫過，但我知道他們的所有事情。」

我聽過很多人的自我介紹，這句話我記了好幾年。那時候的我算是個「唯科學主義者」，但這句話卻激發了我對「占星師」這一職業的強烈好奇心。

你可能正在經歷或經歷過以下場景：

○ 在團隊中做自我介紹的時候，面紅耳赤、心跳加速，準備好的稿子忘得精光，三十秒說不出一個字來。

○參加工作面試，自我介紹時完全說不到重點，囉囉唆唆五分鐘，面試官也慢慢皺起了眉頭。

○在比賽時明明自己很占優勢，評審卻被別人一個很有亮點的介紹，吸引了所有注意力。

○第一次見男（女）朋友的家長，你介紹了自己，對方長輩卻一臉茫然。

你可能因此很困惑：

○為什麼我的自我介紹總顯得乏味又無聊？

○究竟什麼樣的自我介紹，才能讓別人一秒記住自己？

○向老闆、客戶、長輩、朋友，和有好感的異性介紹自己時，怎樣表達才能獲得主動權？

○在不同的場合，什麼樣的自我介紹才能讓自己快速建立優勢，成為全場最佳？

可能你已經在一家公司工作很多年，不再需要頻繁寫簡歷了。然而自我介紹卻是你行走江湖的敲門磚。你準備好隨時隨地進行自我介紹了嗎？或者，你真的好好準備過嗎？

一個好的自我介紹，除了能讓別人第一時間記住你，還能讓你脫穎而出。

在「師北宸寫作訓練營」裡，一位學員的自我介紹是這樣的：「女兒今年六月七日、八日上高考考場，六月九日，我上研究生的考場。女兒上大學，我也要繼續學習，雖然還有兩個月我就滿四十八周歲了。」

幾句話就讓別人覺得，她非常好學，人到中年也沒有停下學習的腳步。

其實，自我介紹本質上是為了突出自己的優勢，展現自己的價值，並且和對方建立聯繫。自我介紹就像一篇文章的標題，或者一句廣告文案，抑或臉上的妝容。你留給別人的第一印象在很大程度上定義了別人對你的看法，而自我介紹又決定了你給人留下的第一印象。

有時候，面試官或者客戶挑你的毛病，並不完全是因為你能力上有問題，而有可能是因為他感性上不喜歡你，因此他會找很多證據支持自己的判斷。但我們卻往往誤判為，因為客觀上（理性上）我們有問題，所以對方不喜歡我們。在我看來，別人是因為不喜歡你，才找各種理由去挑你的毛病。

一九七六年，研究選舉的學者發現：相對於投票前的選民，投票後的選民更傾向於相信他們所支持的候選人會取得勝利。背後的原因很有意思，投了票之後，選民就把希望當成勝算，這在學術上被叫作「決策後的認知不協調」。

政治家在選舉中會有意識地利用選民的這種認知不協調，先對選民做出承諾，引導選民進行投票。當選民用實際行動表示支持以後，選民會告訴自己：「這個人最能代表我的利益，我希望他當選。」而且這時候選民的熱情會更高漲。

在商業上也如此，商家會想盡辦法讓你在他們的產品上花錢，比如花十元贈二十元代金券之類的招數。這種行為讓你覺得特別占便宜，實際上商家占了便宜：它以微小的成本贏得了一個客戶的信任。

當你給別人留下好的第一印象之後，對方會開始尋找各種證據驗證自己的看法。

神經科學家最新的研究發現，人類大腦從三個不同的獨立階段演化而來（見圖 3－1）。最新演化出來的是新大腦皮質，新大腦皮質占據最多的位置，負責計畫、設計、邏輯、概念與抽象思考，人類與動物最大的區別，就是人類有新大腦皮質的思維能力。

接下來是中腦，又被稱為「馬腦」。這是哺乳動物的腦子，它的作用是讓動物擁有情感與社會關係。馬是

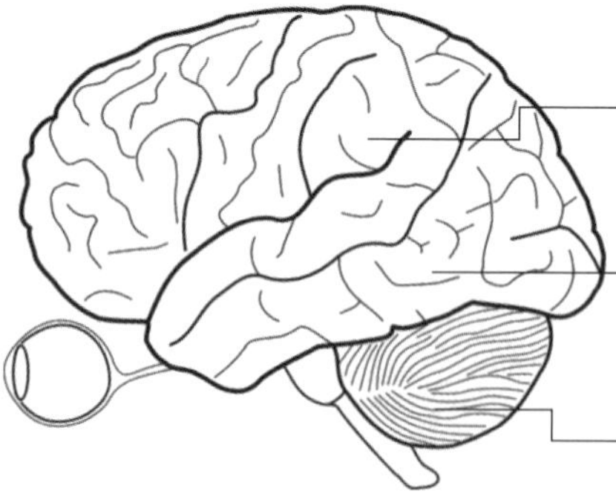

圖 3-1　人類大腦三個不同的獨立演化階段

哺乳動物，哺乳動物大多以群居的方式狩獵、養育後代、躲避天敵。為了生存，哺乳動物彼此結成夥伴，協作互助，自然需要同伴意識、母愛等這些情感，自然而然地產生使夥伴之間親近交融的感情。自然選擇讓動物產生了渴望在集體中生活的感情，一旦脫離集體，動物便會感到不安。

我們熟悉的馬、羊、牛等，都是群居動物。一方面群居能更好地抵禦天敵，另一方面，哺乳動物需要通過群居來抵抗孤獨。「馬腦」，負責人類的情感交流。

「鱷魚腦」是最古老的大腦，因為鱷魚的大腦基本只有腦幹。所以它們只能對最簡單的感官刺激做出反應：要麼進攻，要麼逃跑，沒事則待著不動。鱷魚的所有行為都基於本能，沒有思維，也沒有感情。

人的「鱷魚腦」有這麼幾個特點：

- **○處理能力非常有限，就像嘗試用32K記憶體時代的電腦去打開一個1M的檔案一樣，還沒打開就當機了。**
- **○思考範圍有限，並且有很強的自我保護意識。**
- **○把任何「新東西」視為威脅。鱷魚在碰到威脅的時候會怎麼樣？逃跑！人的身體雖然不會在聆聽的時候跑掉，但是大腦已經跑掉了——拒絕聽你繼續講太多新的東西。**

○如果不是新奇的或讓人興奮的事情，無視它。

○如果不是危險的事情，無視它。

○當它發現某個事物特別複雜時，會迅速做個總結並拋棄它。

矽谷有一位風險投資人在為他的客戶融資時，碰到一個問題。他發現無論怎麼推銷他的融資方案，客戶都不願意給他投錢。

於是他開始研究人類大腦如何工作。在與一位神經科學家朋友一起研究了十年後，他們發現該提案無法打動客戶的一個主要原因是：提案的人在用新大腦皮質思考，提案裡充滿了各種抽象的概念、術語、邏輯論證、推理，但是絕大部分人在聽別人提案的時候並不動用自己的新大腦皮質去聽，而是用自己的「鱷魚腦」去聽。用新大腦皮質的語言與「鱷魚腦」去對話，顯然兩套對話系統無法匹配，當然行不通！這就像你把 Windows 的程式裝在 Mac OS 系統電腦上。

如果你去參加一個有很多抽象表述、呈現複雜、一大堆文字、沒有圖片、沒有影片的會議，你很快就會覺得無聊。

在理解了這個原理之後，如何做自我介紹、如何推銷你的產品就有了基礎：要用「鱷魚腦」的思維模式與對方溝通，而不要用新大腦皮質。

請你想一想，電影大片都是如何開場的？以中國票房大賣的《戰狼２》為例。一開場，一群海盜帶著AK47開著快艇來到一艘貨運輪船旁邊，開槍劫持貨物，輪船拉響紅色警報，船員紛紛往裡面躲。這時候，吳京飾演的冷鋒快步跑到甲板前，跳下水，遊到快艇旁邊，一個人赤手空拳在水下把六個海盜擊敗並綁了起來。

六分鐘的時間內，你的注意力完全被主角水下的身手深深吸引。它沒有講道理，甚至沒有台詞，你可能在無數大片裡看過類似的開頭，但你依然會興致勃勃地看下去。

大腦的運作機制是「生存─社會關係─解決問題」。只有先引發生存上的危機感，才會逐漸上升到社會關係和解決問題的部分。

什麼樣的資訊能打動「鱷魚腦」？簡單、清晰、沒有威脅，而最重要的一點是有趣而新奇。要通過這樣的方式來打動別人，否則你永遠無法吸引他們的注意力。

給自己寫一張說明書

需要自我介紹的場合非常多，但在做自我介紹的時候，我們經常陷入一些誤區。下文我總結了三個常見的誤區。

第一個誤區，一份自我介紹打天下。一個即將成為你的合作夥伴的人和一個朋友希望瞭解的你的資訊必然不同。用同一個自我介紹這種方式顯然不合適。

第二個誤區，高度概括型自我介紹。什麼叫高度概括型自我介紹？就是你把個人履歷做成一個濃縮摘要。舉個例子：

大家好，我是師北宸，湖南人，電子商務和法學雙學位，大學畢業之後我在譯言網工作，再之後從事媒體工作，也做過公關工作，現在是「一把鑰匙」創辦人。

你是不是已經不想聽下去了？這種聽過之後也記不住的自我介紹，就是高度概括型自我介紹。

第三個誤區，個人抒發太多。

我有一個朋友是漫威的資深粉絲，在漫威的所有超級英雄裡，他最喜歡美國隊長。如果你在電梯裡碰到他，他就會一臉花癡相，跟你滔滔不絕地聊他覺得美國隊長如何如何帥，而你很可能完全不知道他在講什麼。

這種情況就屬於個人抒發太多。每個人在表達時都有特定的語境，也就是文化背景及其所傳遞出來的氛圍和默契。在上面這個例子中，喜歡漫威的人很容易認可這種表達方式；可如果交談對象是沒看過漫威電影的人，可能就很難理解他在表達些什麼。

在瞭解了自我介紹的三個常見誤區之後，我來給你講一講什麼是好的自我介紹。

什麼是好的自我介紹？

在第四季《奇葩大會》裡，有一位參賽選手叫劉楠。劉楠是一家創業公司「蜜芽寶貝」的創辦人，在談到自己如何獲得徐小平（編按：真格基金創辦人，中國著名天使投資人）老師的投資時，提到她精心編寫過一條簡訊，這條簡訊是這樣的：

「徐老師你好，我是一名北大的畢業生，但現在我在開淘寶店。我的銷售額已經有三千萬了，可是我非常不快樂，我聽說您是青年的心靈導師。我是一個陷入困惑的青年，您有時間開導一下我嗎？」

這條簡訊非常有意思，我逐句解讀一下。

我是北大畢業生

——高學歷的菁英

但現在在開淘寶店

——咦，北大畢業生為啥去開淘寶店？混得不行嗎？（這很容易讓人聯想到北大畢業生賣豬肉之類的故事。）

我的銷售額已經有三千萬了

——又來了一個反轉，雖然開淘寶，但是賺得不少啊。

但我非常不快樂

——繼續反轉，我很能賺錢，但是我不快樂；

我聽說您是青年的心靈導師，我是一個陷入困惑的青年，您有時間開導一下我嗎？

——徐小平老師多年來一直是青年導師的形象，他也一直樂於為優秀的年輕人解答疑惑。

發出簡訊兩分鐘之後，劉楠就接到了徐小平老師的電話。很快地，徐老師成了劉楠的投資人，而蜜芽寶貝目前也成了一家估值過百億的企業。

所以你看，這條簡訊起了很大的作用。這一個小小的案例，讓我們看到自我介紹的威力，也讓我們看出自我介紹的核心目的：通過自我介紹，和別人建立人際供需關係。什麼叫人際供需關係？我把它分為兩部分，第一是情緒供需，第二是物質供需。

所謂的情緒供需，就是每個人傾訴的需求和需要陪伴的需求。比如談戀愛時，你希望對方能陪伴你、傾聽你，能喜歡你的愛好。同時你也應該為對方提供陪伴，傾聽對方想讓你傾聽的事，兩個人之間的相處，就是互相提供情緒價值。

所謂物質供需也很好理解。你去找一份工作，提供你的個人能力，為公司創造價值，而公司拿薪酬和獎金作為回饋，這種情況屬於物質供需。

供需關係是經濟學研究的一個重要主題，但是經濟學對供需關係的討論主要是物質供需，而情緒供需則更多來自心理學研究。在日常的人際關係中，單獨談論任何一個側面，都無法完整地反映人際關係。所以，我們需要將情緒供需與物質供需都放進來探討。

如果說，人際供需關係分為情緒供需和物質供需，接下來，你可能會好奇，我們應該如何提供人際供需呢？

如何提高人際供需關係？

我認為有三大步驟，分別是引起興趣、激發需求和調整位置。

所謂的引起興趣，就是你首先要通過自我介紹，來讓別人關注你甚至喜歡你。比如我前面提到的那位九〇後占星師薑熊貓，她的自我介紹就深深地印在了我的腦海裡。作為一個理科男，我對她的職業產生了巨大的好奇，占星師怎麼能知道前任的所有事情？我其實不是個八卦的人，但聽完這個自我介紹之後，就覺得這個人特別有趣。

當然，光引起興趣是不夠的。引起對方的興趣之後，你要激發他的需求。我有一位朋友何老師，他是一名演講教練，同時也是TED的策劃人。有一次，一家中型企業想請他做高階主管培訓。談過之後，這家公司非常相信何老師的業務能力，但是也有一個隱隱的擔憂——何老師雖然非常知名，卻是一個九〇後，而他們的高管團隊成員都是七〇後和八〇後，年輕的何老師可能掌控不住場面。幾天之後，何老師發了一條朋友圈，說剛給華為的高管做了演講培訓，反應不錯，對方說下週還想請他過去。

沒過多久，這家中型企業的CEO就在何老師朋友圈裡留言：「何老師，我們正式決定邀請您為我們的高管團隊做一次培訓，不知道您什麼時候有時間？」何老師告訴我說，他發這一條朋友圈的目的就是讓他們看到自己的實力。

給華為高管做過培訓的教練，一定有能力給中國絕大多數企業當教練。他很聰明地通過一條朋友圈狀態激發了一家中型企業的需求，並且成功地拿下了幾萬元的單子。

激發需求之後的第三步，就是要調整位置。

很多時候，我們的自我介紹可以達到調整人際關係位置的目的。在自我介紹之前，你的位置往往比對方低，而在這之後，你可以讓你的位置和對方旗鼓相當，甚至超過對方。

我曾經看過一個經典的故事——如何吸引比爾．蓋茲的注意。

有些人會說：「我是一個土豪，買一萬套微軟辦公系統，比爾．蓋茲就會注意到我。」其實，比爾．蓋茲高居富比士富豪榜，你給他送錢，反而是用你的弱勢打他的強勢。

相比之下，如果你能提供中國三四線城市青年的文化消費趨勢和消費觀，反而更有可能打動比爾．蓋茲。因為瞭解了中國三四線城市青年人的文化生活之後，他對中國市場就可能有更深入的理解，這一點是他缺乏的，而這個很有可能是你所具備的。你可以通過這樣的方式，調整和比爾．蓋茲之間的位置。

所以你會發現，人際供需這三大步驟層層遞進，環環相扣。你要先引起對方的興趣，再去激發對方的需求，最後調整位置，逐漸達到成交的目的。

引起對方興趣，建立良好的第一印象

關於引起興趣，我們先來看一個故事，瞭解當年沒沒無聞的黑珍珠是如何身價大漲的。

從前並沒什麼人知道黑珍珠，珠寶市場上也沒有它的身影。誰也沒有想到，這個產於南太平洋小島的黑色珠子能有什麼價值，直到當時著名的珠寶大王阿薩爾發現了它和它的商業價值。

他做了三件事情。

首先，根據色澤和大小篩選黑珍珠，選出更精良的樣品。

其次，把精心挑選的黑珍珠樣品，放在著名的珠寶交易場所——紐約第五大道的商店裡，並且給黑珍珠標上了很高的價格。

最後，他開始做第三件事情——在雜誌上給黑珍珠打廣告。而且在廣告中把黑珍珠和其他珍貴的珠寶（比如紅寶石和藍寶石等）放在一起宣傳。

沒過多久，曼哈頓上流社會的貴婦們都戴上了黑珍珠項鍊，從此黑珍珠開始風靡全世界。

阿薩爾通過把黑珍珠和其他高價值珠寶放在一起，影響大家對黑珍珠的第一印象，錨定了黑珍珠在普通消費者心裡的價值。從此以後人們對黑珍珠的認識，就會一直受這個第一印象的影響。

研究表明，你對一個人的第一印象會在腦子裡停留九個星期之久，並且能夠持續地影響你後續的決定。其實這是一個社會心理學概念，叫作首因效應（Primacy effect）。首因效應也是我們做好自我介紹的理論基礎。可以說，只有給別人留下良好的第一印象，你的自我介紹才更有可能成功。

接下來你可能會好奇，我們如何塑造自己在別人眼裡的第一印象呢？下文將和你分享三種方法，分別是運用對比、製造衝突，以及設計懸念。

運用對比

很多人喜歡在朋友圈裡曬自己和某行業大佬或者某個大咖同框的照片。這些人曬照片的目的，也是希望通過「傍大款」的方式來提高自己的身價——你看我和身家一億的人站在一起，是不是我的身價也差不多值好幾千萬。

當然我並不鼓勵你用這樣的方法忽悠別人，一張合影其實也證明不了什麼，不過你可以通過更有技術含量的方式，讓別人更好地認識你。

舉個例子。我的寫作訓練營裡有一位學員叫作小周，他的自我介紹是這麼寫的：

「我是一名銷售人員，但是口才不好，曾經在整整兩個小時的飯局裡，說過的話不超過三句。還有一次，我竟然在一位九十多歲親戚的壽宴上，說出『長命百歲』這樣尴尬的賀壽詞。」

他的介紹很有衝突性，明明是個銷售人員，卻說自己口才不好、情商還低，這樣的人能在銷售行業混到現在，一定得有幾把刷子才行。

再來看另一位銷售人員的自我介紹，他是這麼說的：

「大家好，我叫××，是一名酒店廚房設備銷售人員，很高興能跟各行各業優秀的朋友一起參加寫作訓練營。」

這一段自我介紹是不是就略顯平淡？他可能只是讓你知道了他是一名銷售人員，甚至在他講完之後，你也沒留下什麼太深的印象。而前面那位小周，通過一個有強烈對比的自我介紹，引起了很多人的興趣。

製造衝突

什麼是製造衝突？也舉個例子。

二〇一八年年底，我給民辦學校的校長們講了一堂線下課，有一位校長的自我介紹是這樣的：

「我叫××，外號『一哥』。原來是學化工做炸藥的，可是卻因為異地辦學被人收購，從此走上了教育的『不歸路』，一做就是十九年。」

然後我再以自己為例：

「你好，我叫師北宸，高考語文不及格，現在我全職教別人學習如何寫作。」

你可以感受一下，一個做炸藥的在搞教育，一個高考語文不及格的在教寫作。這兩個例子，都是衝突感非常強的自我介紹。通過這種製造衝突的方式，你可以很快抓到對方的興趣和注意力。

設計懸念

金庸的武俠小說，亞瑟．柯南．道爾的福爾摩斯探案故事，還有希區考克的電影，都非常引人入勝，其中一個很大的原因——他們都非常善於設計懸念。但是什麼才算懸念呢？

舉個例子，電影中的兩個人在火車上談話，他們腳邊放著的一個包突然爆炸了。這個時候，觀眾和人物都會大吃一驚。

觀眾和片中的人物事先都不知道這裡有一個爆炸源，所以這不是懸念，只有驚嚇。驚嚇的時間非常短，一般幾秒鐘就過去了。這種方法不能老用，用多了觀眾就疲倦了。

可是如果觀眾知道那個包裡裝的是定時炸彈，而片中談話的兩個人並不知道，就產生了懸念。觀眾會從心裡發出警告說：「你們趕緊別聊了，炸彈快爆炸了。」而且觀眾也會對人物交談的內容非常關注，因為他們心裡一直對包裡的炸彈提心吊膽。

所以這就是懸念，懸念就是與期望的不對等。

再舉個例子，前一段時間我家裡出了一點事兒，和朋友聊起來的時候，我這樣開頭：「早上起來我發現床底下飄著兩隻鞋。」和朋友講完這句話之後，對方就睜大眼睛想聽究竟發生了什麼，因為我給他設計了一個懸念。

激發對方需求，成為滿足他的「唯一人選」

請你想一想：在需要自我介紹的場合裡，如何展示自己的獨特價值，從而激發對方對你的需求？

一般人的想法是，要展現一個人的獨特價值，首先要喚起對方的好奇心，但我建議你更進一步，去喚起對方對你的尊重。

舉個例子，《奇葩說》每一期的開場，導師都會有一個開場白。其中有一期，多數人的開場白都在搞怪，高曉松說：「我是說話從來都不喘氣的高曉松。」李誕說：「我是說話從不不不不……不像臧鴻飛那麼著急的李誕。」只有薛兆豐教授一本正經地自我介紹：「我是說話從來都不煽情的薛兆豐。」這句自我介紹就很出彩，為什麼呢？

《奇葩說》雖然是一個娛樂節目，但薛兆豐在這個節目的人設仍然是經濟學家，他自己也說：「我的任務是從經濟學的角度來做分析。」那經濟學家最大的特點是什麼？理性。薛教授的這句自我介紹，巧妙地展現了自己的價值，也因此讓自己在《奇葩說》這個舞臺更加得到尊重。

那你可能會問，如何才能更好地喚起對方的尊重呢？辦法有很多，但是我覺得有兩個辦法最合適：直擊痛點和揚長用短。

先說第一個辦法，直擊痛點。

我曾經看過一篇新聞，說一位中國商人因為自己的獨特發明，得到了和比爾．蓋茲見面的機會，他向比爾．蓋茲介紹自己的方式就很有意思。這個故事是這樣的。

商建忠是一位普通的中國商人，因為做包皮手術的時候太痛苦，所以自己研發了一款新的包皮環切器。沒想到比爾．蓋茲的基金會剛好在尋找一種簡單、方便的割包皮工具，投放在非洲用以預防愛滋病，這樣一來，供需雙方就匹配上了。

比爾．蓋茲還特地跑來北京和商建忠見了一面。那商建忠當時是怎麼介紹自己的呢？他說，他願意和比爾．蓋茲一起為愛滋病防治做出貢獻。

請注意，他的發明可以為非洲預防愛滋病做出貢獻，而這正是比爾．蓋茲所關心的，所以他抓住了蓋茨心中這一痛點，表示自己也願意為愛滋病防治做出貢獻，他不僅展現了自己的價值，也贏到了比爾．蓋茲的尊重。

第二個辦法，揚長用短，「用」是使用的用。

有個成語叫作揚長避短，意思是如果你知道自己的優勢和短處，你一定要盡可能地發揮自己的優勢，藏起自己的短處。但在我看來，有時候坦誠地透露出自己不太擅長的地方，反而更能引起對方的信任。

舉個例子。我以前所在的公關公司很不容易招到人，因為工作很忙，幾乎每天都要加班，很明顯這是我們招人的短處。但我們的長處也很明顯，那就是客戶對我們很信任。我在招人的時候，就採用了揚長用短的辦法。我向應徵者介紹公司的時候會說：「我們不會受業主欺負，甚至都不用去競標，都是客戶找上門來。但是不好意思，在我們公司加班是經常有的事。如果你非常有工作熱情，希望快速地成長，那在我們這個平台，你是可以發揮自己的長處的。」

所以通過引導大家轉換視角看待加班這件事，你會發現我們的短處反而不是短處了。當然，如果你以後在找工作的時候，發現對方的介紹是「在這裡你可以快速成長」，你就知道加班可能很多。還有，其實我們每個人身上都有小小的瑕疵，坦誠一點也沒什麼不好。我常常自黑，有些學員說「老師顏值很高啊」，我就會說「可是我長得矮啊」。適當的自嘲會讓別人覺得你還挺幽默，很樂意和你相處、合作。

用好反轉，一招搞定關係中的位置

前面我提到過，自我介紹是為了建立人際供需關係，而建立人際供需關係的最終目的，就是調整你在這段關係中的位置。

那什麼叫人際關係中的位置呢？比如在中國人的餐桌禮儀中，基本都把對門的位置作為尊位。通常來說，如果你是關係中提供價值的一方，你的位置往往更高。不過，有一些簡單高效的小技巧，能讓你快速調整自己的位置，在關係中取得主動權。

要調整位置，核心思路就是利用好反轉原則。先充分抓住對方的注意力，然後突然反轉，往往可以達到意想不到的效果。反轉原則有三個具體使用方法，我會在下文以羅永浩的求職信為例向你一一解釋。羅永浩是錘子科技的創辦人，曾經是新東方的名師，但其實他去新東方的前兩次試講都失敗了，後來因為一篇寫給俞敏洪的七千字的求職信得到了第三次試講的機會。

羅永浩的這封求職信把反轉原則用得淋漓盡致，可以說是一個成功推銷自己的典範。

你知道的錯了，我告訴你對的

羅永浩在一開始是這麼說的：「俞校長您好，我先對照一下新東方最新的招聘要求：一、英語發音標準。」因為招聘要求英語發音要標準，所以他第一句就是「我的英語發音非常標準」，而且還主動表示自己的水準比王強差一點（王強是新東方三個創辦人之一）。但是他馬上就反轉說，明明新東方的一些老師發音也沒那麼好，所以不懂為什麼有這樣的招聘要求。

我們想一想，俞敏洪肯定認為，新東方大部分老師的英語發音是標準的，因為新東方幾乎彙集了英語培訓領域的好老師。但是羅永浩對俞敏洪說，不對，你知道的是錯的，對的是什麼呢？就是一些老師發音並不標準。

如果是普通人，對方要求發音標準，你告訴對方你的發音很標準，就結束了，對吧？但羅永浩非要在後面來一個反轉，拿自己和王強以及新東方其他老師做對比。通過這種方式，他把自己放在了王強之下，但在其他很多老師之上的一個位置，從而給俞敏洪留下了深刻印象。

你知道的不全，我告訴你全的

因為是求職信，所以羅永浩在信中不可避免地提到了自己對於新東方的一些直觀感受，當時他已經接受過新東方的集體培訓了。他先表示「鷲峰山上的學習氣氛和惡劣條件我都非常喜歡」，但是馬上反轉說：「我發現講課老師的水準，和新東方的聲譽比起來，還是很不理想。」

俞敏洪雖然是新東方的校長，但他肯定也不可能掌握所有老師的資訊。所以羅永浩就把在他這個角度看到的東西，告訴了俞敏洪。他重點分析了當時的一位名師，這位名師自稱治學態度很嚴謹，但羅永浩在他教的填空題裡找出了多處錯誤。以此類推，他告訴俞老師「新東方的老師，都是拿了正確答案再進行分析講解，所以他們總是能用錯誤的分析推出正確的答案」，這相當於指出了新東方教學的一個弊端。

說完這些，他還不忘自誇一把，表示「我以這樣的條件敢來新東方應聘，除了臉皮厚這個最顯而易見的表面原因之外，主要還是教填空課的自信」，並詳細列舉了自己對填空題教學的一些看法。

你會發現，羅永浩這些話消除了俞敏洪之前的盲點，讓俞敏洪從一個普通教師的視角，更全面地看待新東方存在的問題。雖然剛開始是例行誇讚，但後面這個反轉就緊緊抓住了俞敏洪的心，因此他的自賣自誇也就更容易被俞敏洪理解和欣賞。

你知道很多，但只有一個最重要

在這封求職信的最後，羅永浩的個人總結是這樣的：「我想我多半看起來像是個怪物，高中畢業，不敢考數學，居然要來做老師。」接下來當然還是熟悉的配方，熟悉的反轉套路。他說：「但是，我到新東方應聘不是來做教師的，而是來做優秀教師的。」

他先指出了自己的劣勢，比如只有高中畢業，比如不敢考數學。但他大手一揮，表示這些都不重要。唯一重要的是什麼呢？那就是仍然希望成為新東方的一名優秀教師。注意，成為新東方的教師還不夠，還要成為新東方的優秀教師。如果你是老闆，看到這樣的員工表白，你會不會心動？

當然，你可能覺得羅永浩太狂了。但是有句話說：認真吹牛的人，終會變得很牛。羅永浩進入新東方以後，也確實證明了自己的實力，成為新東方的名師之一。他雖然用技巧贏得了機會，但真正讓他成功的，還是他的實力。

歸根結柢，**想要提升自己在人際關係中的位置，你必須證明自己的價值。**而自我價值的提升，是一項長遠而系統的工程，不能一蹴而就，需要科學的方法論。在這一節的最後，我想跟你分享一個長遠的職業規劃原則，叫作「A－B－Z 職業規劃」。

這個原則是我從霍夫曼的書裡讀來的。霍夫曼是領英創辦人，而領英是全球最大的社交網絡，也是我的前東家。

A 計畫就是你現在所從事的工作，或者叫主業。你可能喜歡，也可能不喜歡，但你要依靠它獲得一份收入。它是你的安全線和基本保障。

而 B 計畫就是你的一個業餘愛好，或者是你對自己未來投資的一項通用能力，可以把它稱之為副業。你每週有四十小時用於主業的工作，可以用十至二十小時的業餘時間發展副業。如果你實在不知道學點什麼，你可以投資寫作、演講、外語或電腦等能力，在這些通用能力的培養上扔再多的時間都不為過。

你的主業如果是銷售，副業是寫作，那麼一位會寫作的銷售人員，獲取潛在客戶的能力以及成功談下客戶的可能性，要遠大於只發展銷售這一個技能的人。如果你以後要做自由職業者、成為管理者或者想創業，都不妨把 B 計畫作為你未來的一項重要投資去實施。

而什麼又是Z計畫呢？Z計畫就是無論這個世道如何變化，你都要有一項可以讓你糊口的能力。

再舉個例子，比如我前面提到的投資寫作。假設你在北上廣深，如果有一天你不想在大城市工作了，還可以回到老家，遠端給媒體投稿，這樣能確保你至少有一份糊口的工作。如果你是設計師，也可以通過遠端為別人提供設計方案，來獲得體面的收入。

「一把鑰匙」團隊有一位同事因為娶妻生子，離開了北京回洛陽老家。在公司契約關係上，他雖然不再是「一把鑰匙」的員工，但涉及課程PPT製作、課程在外部平台上架，我們依然會請他幫忙，並按照約定的價格結算。他也盡心盡責，按照約定的時間發回高品質的交付結果。課程製作，就是這位前同事的Z計畫。

我在領英工作的時候花了很多業餘時間用於B計畫。我的B計畫是在「在行」當一名諮詢顧問，幫助企業高管和新創公司創辦人打造個人品牌。兩年時間裡，我成為「在行」平台評分最高、單價最高的行家之一。通過數百個一對一案例，我積累了關於客戶心理、客戶需求的經驗，在提高客戶滿意度交付上都得到了很好的鍛煉。

里德．霍夫曼還出版過一本書《聯盟世代：緊密相連世界的新工作模式》（*The Alliance: Managing Talent In The Networked Age*），在他看來，多數員工與公司的關係不會像在日企或者國企一樣，一個人在一個公司待一輩子。員工與公司的關係可能更像任期制，每一任二至五年，任期一到，可以選擇雙方繼續結盟或者離開。即使離開，也不影響雙方的關係，員工離開之後既可能成為公司的客戶，也可能成為公司的供應商，或者在新的公司裡給公司傳播品牌和口碑。「人事關係」不在一起，依然不影響雙方以全新的方式繼續合作。

「A－B－Z職業規劃」，可以幫助你構築最基礎的職業安全感，確保你當前的工作不會有太大的問題，更重要的是還兼顧了你未來的發展。

為自己打造獨一無二的包裝

掌握產品思維，找到你的相對優勢。

自我介紹其實是要跟別人建立人際供需關係，而建立人際供需關係的最終目的，就是把自己「賣」出去。也可以換一個說法，你要讓別人意識到你的價值在哪兒。

那我們怎麼找到自己的價值呢？請切換一個視角，把自己當作一個產品看待。

無論你是公司的普通員工，還是職業經理人，本質上我們都是拿自己擅長的能力，來為公司、社會服務，從而獲得一些回報。我們希望獲得的回報，可能是榮譽、地位或者金錢。

所以，無論是在生活中，還是在工作中，我們都面臨著一個不斷把自己「賣」出去的過程。這是我們在社會上體現價值的過程，也讓我們收穫自己想要的回報和結果。在這個過程中，我們要把自己當成一個產品來打造。有了產品思維，我們才能給出更加準確的個人定位，確立更加清晰的自我行銷思路。用產品思維來打造自己，有兩個關鍵點你應該瞭解。

第一，更好地認識自己，找到自己作為一個「產品」的獨特價值。這個獨特價值，是我們在社會中的核心競爭力，也是我們對自己的一個定位。只有你對自己有足夠清晰的認識，才有可能讓別人準確地認識你。

第二，學會包裝自己。產品是一個黑盒子，外界對你一無所知，只能通過你的介面認識你是誰。香水除了靠自身的香味打動人以外，還需要精美的瓶子、包裝盒、陳列櫃以及陳列櫃周圍的燈光和櫃檯所處的商場等一系列外部環境，影響顧客對它的認知。如果你是一瓶香水，你要學會給自己設計一個瓶子和一個盒子。

更好地認識自己

認識自己至少需要兩個視角。一個是自我視角，也可以稱之為第一視角，即你自己眼中的自己；另一個是第三人視角，也可以稱之為上帝視角，也就是別人眼中的你。

當我們在一個事情中扮演行動者的角色，和別人交談、在辦公室忙碌等等，這其實都是處於第一視角的自己。而有時候，我們還需要建立第三人視角去看自己做的事情。這就像在旁邊給自己安裝一個鏡頭，以完全客觀的協力廠商視角來審視自己。

通過自我視角和第三人視角的拼接，你才能完整認識自己。

很多人在以第一視角審視自己做過的事情時，容易過度拔高自己，或者因為代入很多的自我想像而做出不太客觀的判斷。這個時候，你要有一個上帝視角，把自己的感受和事實區分開來。

如何破除扭曲的自我認知呢？你要去問一問，身邊的人是怎麼看自己的。要做到這一點不容易，因為所有人都希望自己在別人眼中是完美的。問別人自己的缺點是什麼，這其實就在克服我們人性的弱點。

如果你遭到了別人的否定，先不用著急。把別人認可你的部分記錄下來，繼續發揚，而對於別人指出的你的缺點，你也要記錄下來。作為產品，你要瞭解受眾的回饋，才能更清楚地認識自己，也才能更好地找到定位和改進的方向。

另外，我們要注意的是，儘管我們的自我介紹是講給別人聽的，但你還是要盡可能地還原別人眼中的自己。我有一次在寫作訓練的直播裡講過一句話：「別人講的，都是對的。」別人對你的所有評價，在某種程度上也代表了他們對自己的評價。

譬如我有一位朋友說特別看不慣我的驕傲、自負，剛來訓練營看到我直播的樣子就想退群。後來她想明白了：她討厭我的驕傲和自負，是因為討厭自己身上的驕傲和自負。

我還有一位朋友珍妮，她也認為我驕傲、自負，可不同的是，她說她很喜歡我的驕傲和自負，覺得我身上這一點特別真實、可愛。她說她沒想過竟然能完整聽完如此自負的我的一個多小時的直播。後來我在一次線下活動見到臉上寫滿傲氣的她，她大概是我見過的最驕傲的人。後來我知道了，她很喜歡她自己的驕傲和自負。

通過第三人視角，我知道自己身上的一個特質：驕傲和自負。

一個人很討厭該特質，另一個人卻很喜歡。剛聽到前者說很討厭我這一點的時候，我心裡不舒服，可是很快接納了自己的這一面。我們看其他人的時候，總是看得特別清楚；當我們看自己的時候，總是容易扭曲或美化。通過第三視角，我們更容易把自己從情緒化的狀態中抽離出來，更加客觀地審視自己、反思自己。

合理地包裝自己

其實我們說一個人「名不副實」，指的就是他的「包裝效果」和真實情況不一致。那我們怎麼合理地包裝自己呢？你可以使用的一個方法是，盡可能獲得權威背書。

在特勞特的定位理論中，一個品牌要得到消費者的認可，需要帶著「信任狀」出場。信任狀，在某種程度上也就是背書。

以「得到」的「薛兆豐的北大經濟學課」（現更名為「薛兆豐的經濟學課」）為例，我想其中「北大」二字在最初貢獻了不少訂閱量。

信任狀的價值在於讓消費者第一時間對品牌產生信任。一般來講，信任狀有一些來源。

市場認知基礎

可以理解為大眾的常識性判斷，比如提到矽谷會想到高科技，提到紐約會想到藝術、文化、金融，提到北京中關村會想到創業，提到德國會聯想到工業品質可靠。如果你在創業，你說你來自矽谷會比來自長沙聽起來要更有戲一些；如果你造傢俱，你說你來自義大利比來自溫州聽起來要更高檔一些。

細分品類第一

你可以從很多維度找第一。市場銷量第一，第一個做某件事的人，或者是某個區域、某個品類的第一都可以。比如王老吉被公認為涼茶始祖，喝它最正宗；可口可樂最經典，是可樂飲料的開創者。很多人約我的寫作課，因為我是「在行」最貴行家之一，「最」也代表了某種程度上的第一。因為很多人的心態是：你敢收這麼貴，水準肯定不會差到哪兒去。

第三方的認證或者評價

媒體的報導、行業協會的認可、協力廠商專家的評價、客戶的評價都可以算在此類，比如獲得奧斯卡獎項的電影、最受媒體歡迎的科技產品等等。許岑的幻燈片課程對外打的旗號就是「那位幫羅永浩製作PPT的男人」。

布希總統曾有一位私人助理叫布萊克．戈斯特曼。他沒有大學學歷，但由於擔任布希總統私人助理時工作表現很好，得到了布希總統的推薦信，然後進入哈佛大學學習，後來加入一家頂級私募基金公司工作。布希總統的推薦信，為他日後的事業提供了很大的幫助。

成功案例

一個曾經寫過很多篇閱讀量10萬+的文章的人，很容易應聘到一家公司的新媒體編輯或主編的職位。如果你是一個喜歡寫作的人，最好的方法就是把作品拿出來說話。如果你只是自己開了個公眾號，或者在簡書上寫了十篇文章，然後你跟別人說你寫得很好，換位思考一下，別人這麼說你信嗎？

但是，如果你的作品在某個權威雜誌上發表了，那就可以算是一個成果；或者你拿出公眾號數據來，篇篇閱讀轉發量10萬+，那也能證明你的文章在傳播度層面是很有競爭力的。

Airbnb你應該不陌生，它現在是一家價值超過三百億美元的明星公司。其實這家公司在成立之初，境況非常慘，直到獲得矽谷第一創業孵化器YC（Y Combinator）的投資，才迎來了轉機。而幫助Airbnb成功打動投資人的，正是它自己的作品。

當時Airbnb在YC面試，過程並不順利。準備離開的時候，一個人拿出了他們正在賣的麥片包裝盒，送給了投資人。結果YC的人就憑藉這一舉動認為，既然他們能成功地把價值四美元的麥片包裝盒以四十美元賣出去，就也有可能做成現在這件事。於是，Airbnb順利地獲得了YC的投資。

特斯拉的CEO伊隆．馬斯克也是一個擅長用案例給自己背書的人。他打電話給合夥夥伴：「我是馬斯克，網路行業億萬富翁，創建了eBay和X.com。我本來可以餘生在海灘上喝雞尾酒。但我認為人類需要成為多行星物種以維持生存。我想用我的錢做些事情，我需要俄羅斯火箭，這就是我給你打電話的理由。」

說到不如做到。用作品和案例介紹自己，是最直接的方式。在娛樂圈，很多「小鮮肉」、流量明星受到質疑，其中最大的一個質疑點就是「你的作品在哪裡？」而很多樂壇或影壇常青樹，比如李宗盛、梁朝偉等，之所以更受人尊重，是因為他們拿出了足夠有說服力的作品。

只有作品，才有穿透時間的力量。

如果更深地解讀，認識自己其實是個哲學問題。古希臘德爾菲神廟阿波羅神殿門前的三句石刻銘文中就有一句——認識你自己，希臘人是把這句話當作神的指示；哲學家蘇格拉底也經常用這句話教育弟子。你是誰，你從哪裡來，你要往哪裡去？這不僅是哲學問題，也是人生問題。到了某個人生階段，你會不斷碰到這些問題。只有清晰地認識自己，才能更清楚自己要往哪裡去。

以終為始，設計你十年後的個人履歷

很多人的行為，是沒有目的的。我在寫作課中經常碰到的問題是：

老師，請問應該如何讀書？

老師，你有推薦的書單嗎？

老師，閱讀訓練營的李翔老師說要快速閱讀，你說要逐字逐句閱讀，那究竟應該怎麼閱讀是對的？

……

每一個問題，我都只能回答三個字：看情況。

接下來，我會問一個問題：你想要什麼？或者，你的目的是什麼？

如果你想成為一名小說家，那麼我推薦《金字塔原理》恐怕不會對你寫小說有太大幫助。如果你不知道自己想要什麼，任何答案和建議都沒有意義，甚至會起反作用。

在介紹了如何把自己當作一個產品去打造和包裝之後，我們再來深入思考一下：你究竟想成為一個什麼樣的產品？

你究竟想成為一個什麼樣的產品，比如何打造一個產品更為重要。

如果你的目的是登上山頂，那麼航海路線圖只會讓你離目的地愈來愈遠。

現在請你思考一下：十年之後，你希望如何跟別人做自我介紹？換句話說，你可以通過設計你十年後的個人履歷，用未來的目標，反過來指導目前的行動。

首先，請你思考兩個基礎問題。

第一，你的終極人生目標是什麼？

第二，作為一個社會人，你要修煉一門什麼樣的手藝來立足？你擅長做什麼，以及你想做什麼。

這兩個問題的邏輯是，首先你要清楚自己的人生目標，其次想在社會上更好地立足，你還需要修煉一門適合自己的手藝。前者是戰略問題，後者則是戰術問題。等你把戰略和戰術兩個問題都想明白了，並照此行動，收穫就是自然而然的事情。

當然，這兩個都是大問題，很不好回答。所以，我會給你一些思考角度和方法做參考。

下面我們先思考第一個問題——你的人生目標是什麼？

如果你覺得這個問題無從下手，那我們可以假設一種場景。想像一下你現在正在參加一場葬禮，在花圈的映襯下，在低沉的音樂中，到了追憶逝者的環節。這時候你才發現，原來這是你自己的葬禮。而你的父母、伴侶、朋友、同學以及同事即將上台，談一談他們對你的認識。

這時候，你希望大家如何回憶你？你希望大家如何評價你的人格？你希望自己對周圍的人產生過怎樣的影響？你是稱職的伴侶、子女和父母嗎？你是一個令人懷念的合作夥伴嗎？

你在臨終時希望獲得的評價，才是你心底對自己的真正期許。也許這時候你才發現，所謂的名利、成就和財富其實都不是你真正想要的。你也許只希望自己是一個好父親或好母親，是一個好的夥伴，又或者曾盡己所能，幫助過身邊的人。

總之，你只要想明白自己的人生目標，生活就會從此改變。你要用這個目標指導你今天的生活，並且每天都向著這個目標努力。畢竟很多人一輩子埋頭苦幹，到頭來卻發現梯子搭錯了牆，但為時已晚。所以說忙碌的人生未必出成果。想明白自己的人生目標，想清楚自己最終想成為一個什麼樣的人，才是最重要的。

時間管理最大的問題是：它從來不告訴你，這個世界是以成就論英雄，而不是以誰的時間填得最滿來論英雄。你最需要關注的是你的產出和價值。沒有產出，事情做得再多，都是無用功。

或許九九％的人會說，讀書很好，可是為什麼不想得更遠一點，你究竟是為什麼而讀書？我以前的排程裡還有讀書這一項，現在完全沒有。為了準備一節課，我就得翻二至三本書，根本不需要為讀書專門安排時間，因為讀書本身就是完成課程的一部分。為了籌備一門課程，我需要深入閱讀一百多本書。

我寫矽谷公司的科技評論時，也從來沒有專門學習英文，而是直接讀國外媒體的文章，為我的評論準備素材。剛開始，一小時只能讀三篇小短文，每一段話都要查好幾次單字；後來我一個小時能快速讀十幾篇文章。大學期間，在勉強通過大學英語四級考試時，我就去翻譯文章，因為翻譯了很多篇文章，到現在還能碰到當年讀過我翻譯的文章的朋友。

二〇一七年九月，我見了一位寫作課學員，她說我的寫作課對她觸動最大的是第一節——寫作對你究竟意味著什麼？她曾經堅持打卡一百天，每天留言五百字以上，對她而言那是一個小小的成就。可是一百天之後呢？沒了。因為她不知道繼續這麼做下去的目的和意義何在。

我從一開始就問大家：你為什麼要學習寫作，寫作對你意味著什麼，你希望寫作能幫到你什麼？如果你沒想清楚，建議你趕緊離開，把時間拿去做其他事情。

從一開始，你就要想清楚自己為什麼做這件事，你希望這件事情給你帶來什麼價值，同時，你一定要有所產出，並讓這些產出系統化、持續化累積起來。

如果你一時沒想清楚，那麼在做這件事的過程中，也要反覆問自己：我做這件事情的目的是什麼？意義是什麼？

以這樣的方式，你就能刪掉那些不需要做的事情，在要做的事情上投入更多精力。

以終為始的另一層意思就是，若無終則不要開始。

第二個問題是，你想修煉一門什麼樣的手藝？

聊完人生目標，我們再來聊聊你想修煉什麼手藝。我在前面也強調過，行走江湖要拿作品說話。所以你不妨想一想，十年以後，你自己擁有的一門手藝，或者一項專長是什麼？

據我觀察，很多大學生在進入職場之後，學了一大堆知識，可是當你問他有沒有一門手藝時，答案卻是沒有。你問他有沒有什麼愛好，好像也沒有。

很多人在大學畢業之後，就停止了學習，停止了成長，這其實是一件很可悲的事情。無論你是在校大學生，還是已經畢業，都不影響你繼續在學習中尋找你到底喜歡什麼，直到找到，然後把它鍛煉成你自己的手藝。

鍛煉手藝，最好的方式就是刻意練習。

所謂刻意練習，需要你每天投入一定時間專注於練習，同時還要盡可能地找到專家或者你的受眾獲取回饋，並據此及時調整和修正自己的練習方式。

除了刻意練習以外，你還需要保持好的精力、好的睡眠，以及良好的運動習慣。這些習慣可以確保你精力充沛，可以確保你的練習有足夠的成效。

很多人聽說過日本的壽司之神小野二郎，他經營著一家非常小的壽司店，幾十年來一直專注在製作壽司這件事情上面。他甚至能嘗出來用不同的水淘洗和蒸煮大米時，米飯味道的細微差別。而幾十年如一日地對壽司的打磨，讓他成為世界上年齡最大的米其林三星主廚。據說去小野二郎的店裡吃一次壽司，需要花費三千元以上。這裡的貨幣單位可不是日元，而是人民幣。

好，當你想清楚自己要修煉什麼手藝，你就可以更明確地做出選擇，因為清楚自己要什麼，所以你就更容易給自己的生活和工作做減法。

下面我用自己的例子來講講，我是怎麼思考和處理這兩個問題的。

二〇一七年的時候，我曾經收到一份非常令人心動的工作邀約，這份邀約來自一家估值幾十億美元的科技公司，職位是公關負責人。但是我卻在收到邀約的當天就回絕了。回絕這一邀約之後，我給推薦我的朋友發了一封信：

炳哥你好：

兩年沒見，一見面就給我一個很好的機會，非常感謝。昨天和你聊的時候我有一剎那心動了，如果放在半年前，我一定馬上答應。但這半年多以來，我仔細思考了過去十年我做的所有事情，無論工作生活有何變故，高興還是沮喪，我一直沒中斷過寫作，只要有空，我就想讀點東西，寫點東西。在折騰過各種事情、有過各種經歷之後，唯一「倖存」的就是寫作，我想這大概是真愛了吧。寫得不一定好，但是準備一直幹下去了。雖然是一個極其小的品類，但值得深挖。

我現在開設了給職場新人的職場寫作課，不久後我還會開設進階版的寫作課，教大家如何寫作媒體文章。我希望自己能像米未傳媒或皮克斯那樣，專注把內容做好，然後去其他的平台分發。我恰好擅長這個、喜歡這個，而且它恰好還能創造社會價值，並讓我從中獲得不錯的商業回報。能在三十歲出頭找到一件真心喜歡的事情，我很珍惜，也很感恩。

我記得領英的CEO傑夫．韋納（Jeff Weiner）曾經發過一篇文章，他畫了三個圓，說：「這三個圓分別代表你擅長、喜歡和有價值的事，三個圓相交的部分，就是你應該去做的。」我很慶幸自己找到了這一部分。

謝謝你對我的賞識，也謝謝你的推薦。如果以後你需要人才，我也多幫你留意。你去××公司就職之後，如果有我能幫上忙的，也請隨時來找我。

師北宸

如果是幾年前收到這樣的機會，我估計二話不說，馬上就去爭取了。可是二〇一八年的我，找到了這一生想追隨的事情，所以很多看起來是機會的事情，在我眼裡只是披著華麗外衣的誘惑而已。

我拒絕這份工作邀約的時候，沒有任何遺憾。當我決定爬到山頂的時候，那一片大海哪怕再廣闊，也吸引不到我。因為我的目標是要爬到山上去，看一看這一座山的風景。

如果想清楚修煉什麼樣的手藝，一天最多投入四小時就夠了

先來看一則小故事。

湯姆・霍普金斯是世界級銷售大師兼理財大師，在正式退休前他宣布：將在結束推銷生涯的大會上奉獻出成功秘訣。

這一噱頭吸引了全球五千多位菁英參加大會。

大會開始，霍普金斯沒有開始演講，只是在一個鐵架前，每隔五分鐘敲擊一下大鐵球。台下的人開始騷動，陸續有人離場而去，會場只剩下五百人。

一個多小時後，在大師不斷敲擊的累積作用下，大鐵球劇烈地晃動，停都停不下來。

霍普金斯指著轉動的鐵球，開口說了一句話：「成功就是重複去做簡單的事情。以這種持續的毅力每天進步一點點，當成功來臨的時候，你擋都擋不住。」

打開各種談論職場、時間管理的公眾號，大部分文章都會告訴你：要把每一分鐘都安排得滿滿當當，這樣才不會浪費時間。

可事實上，如果你一天能高效工作四小時，就相當不錯了。

在《史蒂芬・金談寫作》（*On writing : a memoir of the craft*）中，史蒂芬・金談過自己的排程：

我的排程安排得很清晰——上午用來處理新事務，比如撰寫文章；下午用來打盹兒和寫信；晚上用來讀書、和家人在一起、玩遊戲、做些工作上緊急的修改。基本上，上午是我最重要的寫作時間。

照這個描述來看，史蒂芬·金一天大概也就工作四小時。

鄭淵潔在一九八五年創刊《童話大王》，整本刊物只有他一個人寫，為了保證每天寫四千字，他把每天寫作的時間安排在早上四點半到六點半，從一九八六年起，直至現在依然如此。

他最重要的一件事的工作時間是多少？——兩小時。

你可能會說，這樣的時間安排對史蒂芬·金和鄭淵潔來說很容易，因為他們是史蒂芬·金和鄭淵潔啊！可是當一九八五年著手創辦《童話大王》時，鄭淵潔還只是一位普通的寫作者，正是因為他每天花兩小時在最重要的事情上面，才成就了今天的鄭淵潔。

村上春樹在寫第一部小說之前，從早到晚都在幹體力活，忙著還債，幾乎沒有太多富餘時間享受生活。三十歲時，半夜結束了店裡的工作之後，他才可以坐在廚房的餐桌前開始寫小說。花了差不多半年，他寫出了《聽風的歌》，憑藉這部小說拿到了「群像新人獎」，為自己贏得更多的自由創作時間。

當你開始取得一些成就時，你就可以像村上春樹一樣，為自己贏得更多自由掌控的時間，完成自己心裡最重要的那件事。

二〇〇七年七月，軟體發展者布拉德．以撒分享了一個高效率的祕密，這個祕密是他從喜劇演員傑瑞．宋飛那裡學來的。宋飛在成名前經常在各地巡演，有一次以撒在一個免費的喜劇俱樂部裡碰到了他。以撒問他，怎樣才能成為一個更棒的喜劇演員。宋飛回答說，關鍵是每天都要寫一個段子。他的方法就是在牆上掛一幅巨大的日曆，哪天寫了段子，就在日曆上打一個大紅叉。「幾天後，就可以看到一列紅叉，」宋飛說，「這列紅叉會愈來愈長，你會很希望看到它，你唯一要做的事情就是不要讓紅叉斷開。千萬不要讓紅叉斷開！」

你可能會說：「這些都是創作者的例子，但我的工作內容是人力、行政、財務、銷售，我怎麼把這些方法運用到我的工作裡？」

我的建議是：觀察一下同行業最優秀的專家，看他們掌握了什麼技能，除了完成你手上必須完成的工作之外，每天花一至二個小時掌握它。

像村上春樹一樣，寫出一部屬於你的《聽風的歌》，無論它能不能獲獎；像強尼．艾夫（Jony Ive）一樣，每天都在實驗室裡做設計；像麥當勞一樣，專心做好那十多款漢堡，而不是像我家樓下的小飯館，菜譜上有六十多道菜，卻沒什麼拿得出手。

當我只專注於一件事情的時候，我每天的工作時間大大縮短，但每天的產出卻大大增加，不僅收入有所提高，我還有了更多的娛樂時間。我開始和朋友在吃飯的時候聊八卦，甚至有時候躺在沙發上發一會兒呆，同時我還能拿出更好的作品。這是我以前想都不敢想的。

找到對你來說最重要的一件事，每天投入一至二個小時，你會創造出足夠好的結果。

有一則小故事我非常喜歡，放在 Evernote 裡好幾年，時不時翻出來看，也時不時分享給我周圍的朋友以及寫作訓練營的同學，這個小故事的名字叫「偷時間的人」。

詹姆斯．凱爾曼（James Kelman）是布克獎得主，一九九四年他憑藉作品《為時已晚》（*How late it was, how late*）獲得了該獎項。布克獎是英語小說界的最高獎項。有一年，他在接受英國《衛報》採訪時，回憶起了他年輕時的寫作生涯。那時候他還不是專職作家，時間對他來說很寶貴。

詹姆斯．凱爾曼說，早上從五點半到七點，大多數時候他都在書桌前，每一天都是如此。「我之所以養成這個習慣，是因為感受到來自外部那些必要事務的壓力。二十世紀六〇年代中後期，當我還是一個年輕的倫敦小夥子的時候，我就開始寫作了。我不放過任何能找到的工作，大多數工作都是從早上八點開始，然後無休止地繼續下去。等我回到家的時候，已經是身心俱疲，不能再做任何事了。」由此，他也發現了一條重要的藝術原則：疲憊的身體中活著一顆疲憊的心靈。於是，他決定在每天早上出門前兩小時起床。

二十多歲的時候，詹姆斯・凱爾曼是一名司機，同時是兩個孩子的父親。如果換班時間是早晨五點，他會想辦法在把車開出車庫前花一小時寫故事。儘管中途擱筆停止是一件很痛苦的事情，但他認為這也比一輪長達十二小時上班之後再試圖寫作要好一些。

詹姆斯・凱爾曼說：「我在偷時間。這條簡單的法則就是把最好的時間留給自己，而不是賣給你的老闆。」對他來說，這條法則很有效。一九七三年春天，二十六歲的詹姆斯・凱爾曼在美國出版了自己的第一部短篇小說集。

向自己銷售自己

在讀這一章的過程中，你是否認真思考過這樣一個問題：在把自己推銷給別人之前，你是否嘗試把自己推銷給自己？

我有一位朋友阿容，她有非常好的職業履歷，帶過上百人的市場團隊，曾經創過業，也在私募基金當過戰略總經理，有過十多年的職場經驗，離開之前所在的公司後，很多大公司紛紛向她拋來橄欖枝，不乏年薪百萬的機會。可是她不想再做職業經理人，而是想成為一名自由職業者和商業諮詢師。

在大公司裡，一般有兩條成長路徑，一條是管理路線，另一條是專家路線。她之前走的都是管理路線，而現在，她想走專家路線。

工作十幾年的她，放棄百萬年薪，放棄外人眼裡的光鮮職位，準備從專家之路重啟新的職業路徑。

她諮詢周圍朋友的意見，周圍朋友都反對她。她在「在行」開設了幾個話題，剛見了三個客戶，其中一個做砸了——客戶碰到的很多問題，她解答不上來，不禁產生一些動搖。

我們一起吃飯。在飯桌上，她和我談起：「雖然一直做市場總監，可是我並沒有在某個單點上有突出的優勢。我沒有花過超過三億的預算；我沒有在市場部的某個單點上有突出的案例；我的大部分工作需要團隊支援，沒有很強的研究能力和輸出能力……」

我說：「我曾花很多時間成為一名『在行』專家，並很快成為這個平台前一%的行家；如果你要做自由職業者，這意味著你沒有休息日。自由職業雖然名義上『自由』，可事實是你隨時都要想著工作，只要客戶需要，你就沒有休假的可能性。」

等等！我為什麼要說這些話？雖然都是事實，可是我傳遞的情緒卻是恐懼。

我是如何發現我在傳遞恐懼和製造焦慮的呢？緣於第二天我收到阿容給我發的一條資訊：

我剛跟李翔聊完回來，收穫很大！原來我最缺的是內心對自己的認可。他說我其實資源很好，能力也足夠了，我缺少的是旁邊認可我、支持我的人。

李翔是我的朋友，一位專業教練，同時也是「一把鑰匙」合作的閱讀訓練營的主講老師。這段資訊讓我很震驚，我發現我給朋友出的主意都是在潑冷水。我說的這些話，用情緒語言來翻譯，就是：「你的路不好走，專家之路很難，你無法付出那麼多的時間和精力去做，你不會沉下心來打磨自己的研究能力和輸出能力……」

我重新去翻阿容的履歷，她曾就職於BAT（百度、阿里巴巴、騰訊）以及矽谷某科技公司——都是頂尖公司的重要職位，而且一從上家公司出來就能拿offer拿到手軟，周圍朋友都在問「要不要來我們這兒」，如果這還不是專家，那能被稱為「專家」的估計寥寥無幾了。

看到「原來我最缺的是內心對自己的認可」這一句話時，我對她說：「你就是專家，你怎麼不是專家呢？至少在我眼裡，你就是專家！」

世界上最有力量的兩個詞：信念與恐懼

喬．吉拉德（Joseph Samuel Gerard）是世界第一的汽車銷售人員。他曾一年內銷售一千四百二十五輛汽車，這個紀錄被收錄進《吉尼斯世界紀錄大全》，在他寫的《怎樣銷售你自己》（*How to Sell Yourself*）一書中，他講了一個關於信念與恐懼的故事。

這個故事來自諾曼．文森特．皮爾（Norman Vincent Peale）博士，吉拉德說，皮爾博士是宣講信念主題的第一人，關於信念，皮爾博士是這麼講述的：「我想告訴你們世界上最有力量的兩個詞，第一個有五個字母，但它卻有可以撼動高山的力量。這就是信念。對自己要有信心，對別人要有信心，對你的能力要有信心，對今天要有信心，對你的將來也要有信心。如果你沒有的話，誰又會對你有信心？」

緊接著，皮爾又說了世界上最有力量的兩個詞的另外一個。如果你任由它發展，你的信心可能要被扼殺掉。這個詞，由四個字母組成。它就是恐懼。接著，他一字一頓地說：「你擔心自己無法成為某些人，你害怕自己做不了某些事，害怕過去以及過去的結果，害怕明天以及明天可能面臨的後果，你害怕你可能會失敗。」

吉拉德在小時候，不斷聽到兩個聲音。一個聲音來自他的父親，另一個聲音來自他的母親。他父親對他說：「你永遠成不了大事，你永遠都會失敗，你一無是處。」他母親則告訴他：「要對自己有信心，你是贏家，你可以做到你想要的。」

他父親傳遞給他恐懼，他母親給他信心。

有時候，恐懼的聲音會出現：你不可能做得到，你無法成功地把自己銷售出去，這個工作太艱巨了，你沒有勇氣邁出這一步的……

有時候，信心的聲音也會出來：你可以做到任何你想做的事，你比自己想像中更有勇氣；別人會尊重你和信任你，因為你值得尊重和信任……

三十五歲時，吉拉德事業陷入最低谷。法院拿著傳票把他的房子收走，銀行把他的車子收走，而且他還身負巨債。

他的妻子對他說：「喬，我們當初結婚時也是一無所有。然後，一轉眼，我們什麼都有了。現在呢，只不過我們又一無所有了。那時我對你有信心，現在我對你同樣有信心。你可以再次成功，我相信你！」

吉拉德說，那一刻，他學到一個重要的道理——建立對自己信心的最好方法之一，就是從別人那裡去接受它。

吉拉德從頭開始，重啟建立自信的旅程。他打電話給汽車經銷商求職，經銷商銷售經理叫唐．黑利，黑利見到他時，表現得不耐煩。

「你賣過汽車嗎？」

「沒有。」

「是什麼讓你覺得你能勝任這份工作呢？」

「我賣過其他東西——報紙、鞋油、房子、農產品。不過，人們真正買的是我這個人。我賣的是我自己，黑利先生。」

黑利笑了：「現在是冬天，吉拉德。業務狀況很差。如果我錄用你，對其他業務員說不過去。進店裡來買車的人已經不多了，我怎麼能再分散客戶給你呢？」

吉拉德說：「黑利先生，如果你不用我，會是你這輩子最大的錯誤。我不會坐在店裡等客人上門。你只要給我一張桌子和一部電話，兩個月之內我會打破你旗下最佳業務員的記錄，我向你保證。」

於是，黑利在樓上角落給了吉拉德一張髒兮兮的桌子，和一部剛切斷又得新接上的電話。吉拉德從零開始。

兩個月內，吉拉德實現了當初的承諾，他打破了當地所有銷售員的記錄。

一年後，他賣出了第一千四百二十五輛汽車，成為世界第一的汽車零售銷售員。

突破恐懼，方得自由

在寫這本書的過程中，同事向我轉述了一位社群夥伴問我的問題：你想做一位企業家，還是想做一位藝術家？

在創業的進程中，我具有很強的原則性，或者說，有很強的自我。這份原則與自我，可以被挑戰，也可以被質疑，但是一件事情一旦敲定，我會一〇〇%堅持與堅守。

在開辦寫作訓練營一年多時間裡，我很少公開寫文章，因此行業內有人質疑說：「師北宸，沒有出過書，也沒有寫過10萬＋的文章，他的課為什麼還賣那麼貴？」甚至有行業領袖（通稱「大V」）建議：「你一定要先賺錢啊，一年先賺個幾百萬，這樣才能做起來。比如，我一年可以拿十幾萬預算給你，你可以張羅一群學員來給我們撰稿……」還有人表示不理解：「為什麼你們做了一年，還在做寫作訓練營？別人都搞了好多門課，開了好多訓練營。」

……

他們都很關心我，並以不同的方式支持我，可是我要如何讓他們更好地理解我們做的事情呢？有一天晚上，我在內部群裡寫了幾段話。

我想造一座羅馬城。

如果你是路人，你現在只能看到一棟茅草屋。你會說：「哇，這棟茅草屋好糙、好簡陋啊，晚上睡一覺，還漏風。還是不要待在這裡了，趕緊走吧。旁邊有大廈，我要住在大廈裡。」

如果你是建造者，你會說：「哇！我們第一棟茅草屋終於蓋起來了！一年前，這裡還是荒草堆，現在，我們有一棟屋子了！」

如果你只想當觀光客，歡迎你十年以後再來，不過，那時候的你也只能當觀光客，遊覽一下這裡的風景，它是你諸多觀光打卡的景點之一。

如果你想當建造者，你可以建造一座羅馬城。它融入了你的靈魂，你的汗水，以及你和你所有夥伴的心血和情感。它是獨一無二的，它是你打造的。

這個世界，只有一座羅馬城。它由你書寫，你能定義它，你能建造它。

創辦寫作訓練營，我只想做幾件事：

○找到真正持續學習的人。

○和大家結緣組隊一起幹專案。

○完成漂亮的專案，真正拿作品說話。

長跑的過程中，有人掉隊，有人加入，有人走了又再來，有人逐漸追上來。反正就慢慢跑唄，跟阿甘一樣。

阿容問我：「創業以來，你是否後悔過？」

我說：「創業的過程中，我沮喪過，痛苦過，開心過，失落過，幸福過，恐懼過。但我從沒後悔過。我很慶幸我在三十三歲的時候找到了自己的人生使命，我很慶幸我可以花五十年的時間，一點點實現它。」

我知道我想要什麼，因此能夠堅守。當然，我們還面臨很多困難。

○我們起點很低，大部分團隊成員和社群成員都是邊工作邊學習，可是我們仍然以行業最高標準去自我要求。

○我們品牌很小、現金流很少，可是我們對人才無比挑剔。

○我們很缺人，每一個熱情滿滿的求職者出現時，我們都渴望他們能進來分擔，可是

絕大多數人我們只能「謝謝惠顧」。

回到之前那個問題：你想做一位企業家，還是想做一位藝術家？

後來和一位朋友談起這個話題，她說：「世界上最偉大的企業家都是藝術家，二者並不衝突，反而是合為一體的。」這也是我的答案。

大部分人都被恐懼左右，但少數人可以突破恐懼，追隨信念。突破恐懼，方得自由。

愈來愈多的人告訴我：推薦你的產品，我特別有信心。因為相信你，所以我推薦起來特別有底氣。

那座羅馬城就在我眼裡。我把它展示了出來，你看到的是羅馬城，還是茅草屋？

「行銷」自己的三大案例

這其實是一篇「銷售我自己」的文章，二〇一八年三月我開始創業，幾個月後寫了這篇文章招募同路人。招聘文案其實是銷售自己的困難模式，因為你要說服一個人把他的一段很長的時間交給你，這比讓一個人掏幾百甚至幾萬元去買產品更難，但也更珍貴。

把自己「行銷」出去，是你一輩子都在做的事情

從二〇一七年寫作課上線開始，最早多家合作夥伴對外宣傳寫作課的文案，是以我寫的兩三篇文案為底稿的，有三家過了百萬銷售額。在那之前，我並沒有學習過銷售文案怎麼寫。為了宣傳課程，一篇五六千字的稿件，我寫完之後每天找十幾個人問回饋意見，再基於回饋改兩三個版本。這樣過了半個月，才磨出了兩三篇對外宣傳文案，一直沿用至今（二〇一九年八月）。也就是說，這些文案不僅助力百萬元以上銷售額，而且生命週期在兩年以上。

在這一章的最後，附上一篇招聘文案和兩篇銷售文案。

招聘文案

如果你覺得市面上的線上課程很差勁，歡迎加入我們

如果你覺得標題擊中了你，這篇文章就是為你量身定制。

在講正事兒之前，先和你講個小故事。

我是師北宸，二〇一八年春節期間，我正在美國旅行，在即將結束旅行的前幾天，我內心迴盪著一個聲音：回去之後，得趕緊啟動專案。我追隨這個聲音，一步一步實現它。

回到北京，我立刻約高潔見面——春節前她剛離開前公司，過去幾年高負荷工作，內心的聲音和別人的聲音衝突、撞擊，她在不斷思考，究竟自己內心的聲音是對的，還是周圍人的聲音是對的。

春節前第一次和她吃飯，我就知道她是我想找的合作夥伴。

她擅長做社群，我擅長做內容。兩年前開始我就想做社群，可是社群營

運極其瑣碎，既需要對營運流程進行深度設計，又需要對社群給予即時回饋和回應。我喜歡深入思考，對產品做規劃和設計，但即時回饋會不斷打斷我的思考節奏。既要做長遠設計，又要兼顧即時性，我做不來。

我選擇深入打磨手藝，做一個好的產品胚子。先做好從0到1，可1以後怎麼辦？高潔出現了，她可以幫我在1後面加0。

我們從零開始，拋棄一切套路。我負責底層邏輯設計，她負責使用者介面溝通。

二〇一七年，在黃有璨的介紹下，我認識了「三節課」CEO Luke，Luke在《產品的視角：從熱鬧到門道》一書的前言裡闡述了他的產品哲學：

肯尼斯·沃爾茲（Kenneth Neal Waltz）在《國際政治理論》中提出：結構和過程組成了一切。

就像產品一樣，結構是技術性的，過程是流程化、場景化的。

我們常常能很深刻地感受技術性的結構、框架、代碼、連結，但往往忽視了過程。

我經常想，一個使用者，進入一個產品的系統，就像進入了宇宙的空間結構中。而使用者花上一個小時在這個系統裡，其實這個使用者已經不是當初的使用者，而系統也可能不是原來的系統了。因為使用者的進來，系統變了；因為對系統的使用，使用者也變了。

我把肯尼斯．沃爾茲的那句話改造成：產品，是由結構與過程組成的。

我負責結構設計，高潔幫我掌控過程。正式合作之前，我和她只聊過兩三次。而這種默契，從一開始就有。她幫我分擔大部分過程的事情，並過濾掉雜質資訊，提取有價值的資訊；我得以在創業初期依然有很多整塊的時間，在設計結構，保持短期進展的同時，思考長遠規劃。

我對產品的結構設計有好幾個層面：

第一層，小顆粒度產品：

- 課程設計
- 任務系統設計
- 配套服務體系
- 回饋機制

第二層，一款教育產品中的MVP[1]：教學練評，全部囊括。

第二層的產品MVP要在第一層各個小顆粒度的基礎之上，封裝成一套完整的教育培養體系。這中間有無數小細節，需要不斷判斷，哪個是關鍵細節，哪個是冗餘細節。我們現在已經搭建了一個基本雛形。什麼時候才真正搭建好呢？第一個版本產品設計出來時，我說：「如果我們要修一座萬里長城，現在是第一塊磚。」現在，大概壘了三塊磚吧。

第三層，從商業上，不斷觀察、調整，保證領先市場半步，但又不能離市場太遠。在商業產品實現的路徑圖上，我們有至少三年的計畫，可以按照三個月的顆粒度拆分的計畫。沒錯，我們剛創業三個月，卻能畫出三年的階段性路徑圖。我見過大量A輪、B輪公司，連未來一年、甚至半年計畫都拿不出來。三年的發展路徑圖不是圖紙，而是可落地、可實現的、基於產出的計畫。當然，我的願景和使命需要很多年才能實現，在此按下不表。

在做好前面這幾層設計的同時，我們要完成這些目標。

1. 因為是教育產品，客戶從進來到出去，必須有顯著變化。他在這必須學到比其他地方多兩倍，甚至多十倍的東西。

谷歌早期的創業方法論就是：不斷思考如何給用戶提供優於市面十倍的體驗。我們是否做到了呢？我先講理念和邏輯，結果會在後面告訴你。

2. 保證現金流穩定，讓我們在短期內沒有經濟上的後顧之憂，安心做業務。每個月開一期訓練營，接下來每個月開線下課。這只是保證現金流，以及驗證MVP、聚攏人氣和口碑的手段，訓練營和線下課不是我們的核心商業目標和商業模式。它們是能為我們提供現金流的生意，很多想法也需要通過它們來嘗試、驗證、修正。

什麼是我們的商業模式呢？我不想贅述，你可以用這個例子去理解：麥當勞把漢堡作為用戶的高頻接觸點，而它的核心商業模式卻是地產。

你可能懂了一點，但還很朦朧。但你或許可以感覺到，我們雖然也在做訓練營、線上課程、線下課，但你會發現我們做訓練營、線上課程和線下課的方式與很多同行不一樣。

1 MVP（minimum viable product）是艾瑞克・萊斯（Eric Ries）在《精實創業》（*The Lean Startup*）裡提出的概念。簡單地說，就是指開發團隊通過提供最小化可行產品獲得用戶回饋，並在這個最小化可行產品上持續快速迭代，直到產品到達一個相對穩定的階段。MVP對於創業團隊來說很重要，可以快速驗證團隊的目標，快速試錯。

3. 保證最基本的短期目標之後，就要不斷思考長期目標，把更多的時間用於實現長期目標。

衡量標準是什麼？就一條：高槓桿率動作。

比如，為了招生，可以找十個人幫我們發朋友圈。短期價值明顯，但長遠價值極小，不做。比如，出書。需要花好幾個月寫作、修改，可是愈早出書，槓桿率愈高。前期成本高，後續成本低，收益明顯。這裡的收益包括品牌、收入。品質好，可以帶來好口碑、好銷量。好口碑，可以為我們吸引客戶，甚至人才。

最近我讀了微軟第三任CEO薩提亞·納德拉（Satya Nadella）的書《刷新未來：重新想像AI＋HI智能革命下的商業與變革》（*Hit Refresh: The Quest to Rediscover Microsoft's Soul and Imagine a Better Future for Everyone*），他剛上任沒多久，讓他下定決心抽時間寫書的最關鍵原因是，他要讓微軟發生變化。但是，如何讓他的資訊傳遞給微軟十萬員工以及微軟的合作夥伴？出書。

很多企業家都是退休後寫書，而行動者的思維則是在變革中出書，因為書可以促進想要的變革。類似這些短期收益不明顯，但有長遠影響的事情必須做，哪怕我們剛開始創業。

所以，從創業第一天，我就在想：做哪件事情，對十年、二十年以後有幫助？而哪件事放在十年、二十年後就沒價值了？多做對十年後依然有價值的事情，盡可能克制自己做那些只對短期有價值的事情。

安心做好產品和服務，其他隨之而來。然而，如此佛系的我們卻要做產品說明書。你要讓用戶在推薦的時候，有一個特別形象化的、理解門檻極低的素材，他們才可以真正做到「隨手轉發」。不要讓他們做太多的動作。

動作每多一個，傳播率就衰減九〇%。

我們選擇把時間用於為用戶提供轉發材料，雖然前期製作成本高，可是後期溝通成本下降了。

我們的賣課文案，刪減之後都有六七千字，閱讀門檻極高，但客戶卻追隨著口碑而來。第三期訓練營，有兩位用戶給我們介紹了二十多位學員，我們有七〇%的客戶是老使用者推薦而來。我們不做分銷，不給老用戶返點。

我們讓新用戶報老用戶的名字打折。

我們不希望吸引逐利的人，我們需要的是真正希望成長並願意給朋友推薦我們訓練營，既能給自己掙面子，還能讓朋友享受實惠的人。這是我們做事的理念。

我們是否能像谷歌一樣，提供十倍的體驗？

我無法評價，得客戶來評價。有花了七萬元和十多萬元買課的骨灰級用戶，評價「師北宸寫作訓練營」是最佳（之一）。

有很多參加過市面上很知名的線上社群和課程的用戶私下給我們回饋：「××的社群太差了。」有一句話叫什麼來著？沒有比較，就沒有傷害。

如果有同行看到，請不要介意。我們不是來砸場子的。我大量時間，都和用戶泡在一起。因為用戶會告訴我他喜歡哪個課，討厭哪個課，哪個課哪裡好，哪個課哪裡差，我通過他們可以更精準地瞭解市場的回饋。

我們只是想好好做產品，服務好客戶。做生意的本質，就是把每一個客人都服務好。

我盡可能精簡，依然花了數千字和你描述我們在做什麼。可能你覺得過於抽象，沒關係，歡迎先來體驗一下我們的訓練營，聽一聽我的寫作課，和我們訓練營的任何一位用戶聊一聊。

如果你本身對訓練營有一些瞭解，讀了今天這篇文章，瞭解了我闡述的背後的設計哲學與理念，算是撬開了冰山的一小角。如果你能加入，這樣我能有更多時間多多闡述。

接下來要招人了，我們需要這幾類人：

一、有志於精進內容的手藝人

傳統的崗位，會明確需要一位公眾號編輯、新媒體營運、內容作者。

我們處於非常早期的發展階段，不需要被職業範例框定的人，而是需要同行人加入，一起製作有價值的內容產品。有價值的內容產品包括（但不限於）：系列課程製作，產出物會是音頻、影片的課程，以及圖書、公眾號的內容。

我對內容手藝人最重要的要求是：

1. 喜歡寫東西，而且有志於深入打磨這門手藝；
2. 看到好文章，就想趕緊存下來，而且還會想想：要怎麼修剪、打扮一下，才能讓它與讀者見面？

把內容做得漂亮、得體，讓別人看了還想看。

當然，你不是一個人做這些。有我，還有幾個小夥伴，我們一起把內容收拾乾淨利索了，再去和讀者大人見面。

傳統意義上的職位描述

- 能做選題，對審美有要求、甚至挑剔，一篇佳作勝過十篇庸作；
- 行動比想法更重要，要有執行力，尤其是對交付的產出物要有要求；
- 有很強的溝通意識，你可能並不是傳統意義上溝通能力很好的人，但你要有溝通意識，瞭解團隊其他人在做什麼，主動告訴大家你在做什麼，這點非常重要；
- 不限學歷、專業；
- 學習能力，你要有自我成長和學習的要求和欲望。如果你有好奇心，恭喜你，你不需要所謂的自律和時間管理。

你可能施展的平台：一萬粉絲的公眾號、二十萬粉絲的公眾號和三百萬粉絲的公眾號。全都專注於寫作、成長、職場。

全職、實習、兼職都可以。座標北京優先。
請將簡歷、作品，發郵件到beichenshi@me.com。
標題請注明：應聘內容編輯——你的姓名。
你如果有任何的疑惑，也可以發郵件諮詢。

二、有志於精進營運能力的服務者

我對商業的理解很簡單：做一個好產品，然後把好產品遞到客戶手上。
我負責做一個好產品，你要和高潔一起把好產品遞給客戶。
遞給客戶手上的過程，至關重要：要微笑，要有禮有節。客戶至少要比來之前開心一點兒。
社群經營是服務者。

傳統意義上的職位描述

- 根據社群營運策略和目標，對社群的營運資料負責；
- 核心用戶的挖掘和互動，維繫社群活躍度，與用戶互動和保持聯繫，製造感興趣的話題；

- 對內容進行篩選分層，使優質內容得到充分曝光，把合適的內容推薦給感興趣的使用者；
- 深挖客戶需求，定期策劃線上線下活動，提升用戶參與度；
- 綜合運用各種營運方式，有效啟動使用者，增強用戶黏性，提升用戶活躍度，確保社群用戶互動氛圍良性提升；
- 善於收集分析營運資料，做市場分析，回饋改進社群產品，推動產品功能優化，提升使用者口碑。

加分項：

- 關注人的感受；
- 有網感，重視產出；
- 有策劃、文案、編輯等方面的工作或實習經驗，有良好的創新能力；
- 具備良好的人際溝通技巧，具有親和力；思維活躍，積極樂觀，工作細心，責任心強，具有較強團隊合作精神；能接受挑戰並承受一定的工作壓力。

- 你可能施展的平台：寫作訓練營，知識星球帳號，未來的社群課。
- 全職、實習、兼職都可以。北京地區優先。
- 請將簡歷、你對這份職位的看法，發郵件到 beichenshi@me.com。
- 標題請注明：應聘社群經營——你的名字。

三、商務拓展人員（BD）

我需要一位商務人員，幫我維護合作夥伴關係——如果你可以建立，那就更好。但目前階段，維護好合作夥伴關係，就夠你忙活一陣子了。

你的核心工作是幫助我分發課程。如果你曾經負責過內容，會有很高的加分。我們的所有合作，都建立在懂內容的基礎之上。

如果你沒那麼懂，但是希望通過做商務逐漸懂一些內容，那也沒問題。我會和你一起設計好商務流程，你先幫助我們維護好，以後再逐漸做增量。

傳統意義上的職位描述

- 維護與建立合作關係，在已有合作基礎上，加強夥伴關係，保證內部與外部資訊的通暢，讓夥伴知道我們在做什麼，我們可以給夥伴提供什麼，以及我們需要夥伴給我們什麼支援。

- 溝通意識要強。要務實，不要浮躁，不要誇張，我們能做到十分，和別人講七分比較好。雖然我們體量很小，依然要先考慮我們能給合作夥伴帶來什麼價值，然後考慮我們希望從夥伴那裡獲得什麼價值。利他而利己。
- 關係品質大於關係數量。我們人力有限，體量有限，我們和少量的能彼此認可的合作夥伴發展深入關係，不需要和很多夥伴發展關係。除非我們有足夠的人力、資源。我們不做一錘子買賣，只對自己有利但不能為夥伴帶來價值的事情，我們寧可不做。
- 比起嘴皮子，我們更需要你務實，以及替別人考慮，哪怕在外人看起來你嘴笨。
- 我以前也嘴笨，不會說話。現在雖然算不上做得多好，起碼能稍微比以前好一些。
- 不限專業、學歷、工作年限，但你得對知識付費、線上教育這個行業稍微熟悉一點。基礎的行業知識和判斷要有。如果你是其他行業的資深商務人員，那也沒問題。行業知識你可以很快熟悉的。

- 學習能力，你要有不斷自我成長和學習的要求和欲望，甚至是好奇心。如果你有好奇心，恭喜你，你不需要所謂的自律和時間管理。

你可能施展的平台：寫作訓練營，知識星球帳號，未來的社群課。

請將簡歷、你對這份職位的看法，發郵件到 beichenshi@me.com。

標題請注明：應聘商務BD——你的名字。

你如果有任何的疑惑，可以留言或者發郵件諮詢。

對不起，寫得特別長。稍微多寫一點，才有助於加深你對我們的理解。有了理解，大家合拍的可能性更大。

如果你身邊有合適的人，請給我們推薦。暫時送不起iPhone，你就當撮合一段姻緣。雙方幸福，一輩子都會感激你這個「紅娘」。

對了，報名之前，別忘了給我們發簡歷，或推薦周圍的朋友給我們發簡歷。

我保證，在這裡結束。謝謝閱讀。

這篇招聘文案發出來一年多之後，一位BAT的高管在籌備內部商學院時問我們是否有課程產品經理的職位描述。同事把這篇文章推過去做參考，結果對方看完後分享給整個團隊，並且邀請我們開展深入合作。那位高管說，他從這篇文案中看到了我們的工匠精神，以及對事情死磕的態度。讀完文章他特意叮囑：一定要堅持做自己，不要去刻意迎合別人。

說實話，創業一年多，絕大部分人看了我們做的事情，都會基於自身經驗給出很多的評判和建議。在寫文章以及設計產品的時候，我經常覺得，真正的讀者、真正的用戶在未來——你所寫的字，在發出去的那一刻，其實真正讀懂的人是極少的。

這也給我造成了很多困擾。不過，自從聽完哲學家王東嶽先生的課程之後，我釋懷了不少。混沌大學李善友教授在推薦王東嶽先生的課程時說：「哲學家寫的書，往往都在他死後別人才讀得懂。我們有幸，能邀請哲學家在有生之年親自為大家授課。」

與哲學家相比，我的文章只需要等一兩年就能碰到真正的讀者，也就不值一提了。

銷售文案

如何在兩百粉絲情況下，寫出閱讀量八千的文章？

參加了那麼多的「寫作課」，你寫出了自己真正想寫的文章了嗎？

我猜你的答案是：並沒有。

如果你關注過市面上的寫作課，我想你應該看到過這樣的課程：

一百萬粉絲的微信大V告訴你：如何寫出10萬+的文章？

知名媒體主編和主筆告訴你：如何寫出一篇最具社會影響力的特稿？

可現實情況，你的微信公眾號只有兩百粉絲，其中五十個是你的同學，五十個是你的同事，十個是你的親戚，剩下的九十個是你費了老大勁發了十條朋友圈攢起來的。

能在最知名的媒體發一篇封面文章，你每天訂閱的公眾號、你的同事、你的朋友都在朋友圈推薦你的文章，一想到這個場景都興奮得睡不著覺了。現實情況是，即使你現在轉行做媒體，花上十年時間，也不一定能實現這個目標。

你每天要開三個會，跟十個人溝通，回覆二十封電子郵件，好不容易能在晚上十點回家，回去路上下屬給你電話說：「不好意思，最新的專案出了點問題。」你又得回去再給他擦屁股。終於能在凌晨一點回家睡覺，第二天早上八點起來，打開微信，你的老闆或投資人給你發的消息，又夠你忙上大半天。你完全顧不上欣賞張愛玲或者誰的文風，也不理解這能對你的工作有幾毛錢的幫助。

如果你在健身，可能偶爾也會幻想一下，如果能成為阿諾·史瓦辛格該有多好。但其實你知道你不可能成為他。因為你不可能有「每天花五個小時健身，吃五頓飯，每頓嚴格保證營養充足沒有油脂，並保證十二個小時的睡眠」這樣的條件和自律。

你沒法成為阿諾，可是市面上的寫作老師都在信誓旦旦地告訴你：只要做到這幾點，你就可以。

騙子。

所以，在寫作這件事情上，我知道你真正在意的是：

我有一些年的工作經驗，甚至在自己的領域稱得上專家式人物，或至少在往專家的方向努力，我希望通過寫一些專業文章，在公司中、在行業裡塑造自己的影響力。

我的工作（市場公關、銷售……）需要與人打交道，如果別人通過我的文章認識了我，我能極大降低與別人的溝通和信任成本，還能撬動更大的資源傾斜到自己的業務上來。

我希望把做過的案例、項目傳播給行業，以後融資、跳槽的時候，能讓自己的身價翻一兩番。

……

在美國，如果你不知道該學什麼，那就去學演講或寫作。只要你足夠會表達，無論你從事什麼工作，都用得上。演講或寫作既是基礎技能，又是能為你的職業加槓桿的高階技能。

貝佐斯和巴菲特讓人印象深刻的舉動，就是每年的「致股東的一封信」。每年一封信，讓投資人堅信這個人和這個公司值得信賴，值得長期持有他們公司的股票。

寫作關乎信賴。你不需要最懂寫作的人來教你寫作，否則你應該直接去讀馬奎斯、海明威、費茲傑羅、王小波；你需要的是最懂你的人來教你寫作——只有瞭解痛點，對症下藥，才能學到自己真正想學的。

百萬粉絲大V、職業媒體人以及職業作家，他們可以與寫過二十萬字的同行交流如何寫得更好，但他們沒辦法告訴一個幾乎沒怎麼正經寫過文章的人，如何開始寫好一篇文章，以及如何持續寫出能表達自己專業觀點和素養的文章。他們沒有面臨過與你同樣的處境，無法給你有針對性的解決方案。

過去三年裡，我和數百個希望學習寫作的學員一對一地聊過。這些學員包括上市公司市場總監，國際公關公司客戶總監，新創公司創辦人，上市公司創辦人，新創公司商務負責人，律師事務所合夥人，外企市場經理，網路公司產品經理，知名風險投資人以及百萬粉絲微信號創辦人……

姬十三，果殼網、在行和分答創辦人：

寫作是梳理思路、表達觀點能力的集中體現。建議每個創辦人都重塑一下寫作能力。

唐春霞，長江商學院教育發展基金會祕書長：

和人的成長息息相關的三件事：重大的決策、有價值的交流、有深度的思考，這三件事都可以通過寫作來完善。北宸在寫作上進行了深入思考，總結了很好的方法，並在教授寫作上相當有經驗。希望大家在成長路上，分享精彩給他人，享受寫作的樂趣，也把自己寫成一本精彩的書！

剽悍一隻貓，百萬粉絲微信公號創辦人，簡書與領英簽約專欄作家：

一開始很好奇，為何這位老師收費比其他人高出一大截？見面後才知道，值，太值了！哈哈！我打十分！

元菲，持續創業者：

北宸老師是我見過的二十多個行家裡面讓我受益最大、最認真的導師。我們每一次漂亮的轉身背後都是千萬次磨礪和一份沉得住氣的執著。身處浮躁社會，一份短期內投入產出比不那麼高的積累，卻可能給你的人生機遇埋下重重的伏筆。避免過高的預期比自我鞭策撕裂式成長更加穩健。謝謝北宸老師的分享！

王焱鑫，上市公司市場總監：

關於寫作這件事我糾結了很久，一直想重拾寫作習慣，但是由於時間、思路、主題等屢屢受挫。師老師對我的三大困惑一一深度剖析，並給出了解決方案和建議，還拿自己的案例來演示和解釋。最後，還給出了輕量版的寫作練習建議，以及寫作指導經典文獻。與師老師交流過後，頭腦、意識、工具都已被全副武裝，接下來就要靠自己拿起鍵盤操練起來了！不愧是「在行」火爆行家，五星推薦！

有數百個「臨床」案例的好處是，你在寫作中碰到的九〇%的問題我都知道，且有解決方案。

在我看來，你不應該去學習如何寫一篇社會報導或者如何去做採訪，因為你的目標不是成為職業記者。你也不應該去學習「如何寫出一篇10萬＋的文章」，如果你有一百萬的粉絲，即使你寫一個「屁」字，也能有10萬＋的閱讀量。很可惜，你只有兩百個粉絲，你讓那些一百萬粉絲的大V寫一篇文章發到你的微信公號裡，很大的機率，這篇文章的閱讀量不會超過兩千。

我能做什麼呢？

我能告訴你，如何在兩百個粉絲的情況下，寫出一篇轉發和閱讀量達到八千的文章。

我能告訴你，如何通過一篇文章帶動兩百封簡歷，並在一個月之內，幫助一個部門招到近十個員工。

這些事情我曾經都做到過。我在二十七歲時成為最年輕的鳳凰科技主編，並通過一篇招聘文章，成功招聘到了我的繼任主編人選。在離開主編職位之後，他已經成為上市公司的市場總監，現在還不到三十歲。

在正式教授寫作技巧之前，我會花一些時間闡述寫作的價值和意義：太多人在盲目追求「乾貨」，卻忽略了學習到的「乾貨」究竟有什麼用。事實上，很多人並不知道自己學到的東西原來有那麼大的價值。只有理解並熟練運用自己所學之術，才能真正義無反顧且堅定專注地練習和踐行，認真踐行才會有真正的效果。

在正式教授寫作技巧之前，我還會花一些時間告訴你如何解決那些妨礙你寫作的藉口；然後再告訴你如何寫作、如何寫得更好，以及如何建立持續寫作的習慣。

過去三年，我與數百位學員做過一對一的寫作諮詢和線下交流。我在「在行」一對一的寫作課，即使已經提價到四千五百元，每個月還有不少人來約。在這三年的時間裡，我梳理了所有學員的困惑，並在查閱數十本與寫作、表達、心理學相關的書籍之後，打磨出這一套寫作課程。

你可能想學習如何做PPT，學習理財，學習設計……但無論你是初入職場，還是邁入中層管理之列，或已成為高管，都應該仔細想想：哪些技能是需要且必須在未來職場生涯中持續學習和精進的？相較於做PPT、理財和設計，寫作才是更好的選項。好在，任何時候開始都不晚。

銷售文案

不怕學習過一萬種腿法的人，怕的是把一種腿法練習一萬次的人

過去四年，我接觸了大量學習寫作的學員，通過對他們的觀察和與他們的交談，我發現大家在寫作上有非常多的困擾。

一篇文章洋洋灑灑寫了幾千字，發出去之後，發現自己想講的東西，別人沒明白——顯然這不是讀者理解能力有問題，而是表達太囉唆，而且思路不清，邏輯混亂。

開公眾號兩年半，更新了三篇文章。然後，再也沒有然後了。

寫工作報告，每次交上去，都杳無音信，或者被老闆打回來。打回來的時候，老闆問：你究竟想講什麼？

部門開會時發言，你巴拉巴拉講了十分鐘，下面沒有任何反應，有人看起來快要睡著了。

如果你有以上這些症狀，那說明你的表現非常正常——正常的意思是，很多人都這樣。

「正常」的另一個含義有點傷人，就是「一般」、「普通」、「和別人一樣」以及「平庸」。你在表達與溝通上不出彩，可能也不是最吃虧的那個，你覺得需要提升，又好像也沒那麼迫切，但是每次老闆、同事、朋友說起來，卻覺得自己的心又被輕輕地扎了一下。

老被扎心不好受。

如果你是做營運的，偶爾幫老闆訂機票酒店被老闆說：「讓你來安排，我就別想出門了。」這種情況其實還能接受。你畢竟專業做營運，不是老闆的祕書。

可是如果你是做營運的，卻老是被用戶說文案看不懂，每次都要退回，來回修改五六次，那你就要好好下功夫學習怎麼寫文案了。

二〇一八年春節後，有一位學員被老闆罵了之後，馬上來報寫作課。今年（二〇一九年）剛過完春節，她給我寫了一篇上萬字的賣課文案，希望推薦給更多的用戶來報「師北宸寫作課」。在這篇賣課文案裡，她寫了十幾個為什麼要購買特斯拉的理由，也寫了十幾個為什麼要買師北宸寫作課的理由。謝謝她的高抬，在她眼裡，師北宸寫作課相當於汽車界的特斯拉。

這一門課從二〇一七年年初開始籌備，二〇一八年開始研發，二〇一九年初推出，二〇一九年上半年分別做了兩次大版本的反覆運算和優化。這一門課程課時量不到三小時，我優化了一年多。很多電影的週期是花一年籌備、拍攝、製作，最後上映的時長也就兩個多小時。這門課也如此。課時量看似不多，但其中每一個點，都是深思熟慮並不斷打磨優化後的結果。

這門寫作課從一開始就與市面上的寫作課有所不同。某一線平台的朋友說，他們內部調研了當時市面上的寫作課，課程體系設計都不及格，基本上是「攢巴攢巴就上線了」。

市面上其他寫作課還有一個特點——標題黨：標題的十個技巧，文章開頭的五種方法，文章結構的八個模式，寫出10萬＋的十二種技巧。還有更唬人的：如何通過業餘寫作月賺兩萬……

看起來全是知識點、技巧點，看起來只需要花三十九元、六十九元，你就能月賺兩萬，還是下班後用業餘時間賺到，不禁心癢。於是，這位賣課的老師靠你業餘月賺兩萬，而你轉而又買了另一門「如何快速裂變，月增五萬粉絲」的課程。

和市面上這些寫作課不同的是，這門寫作課——我們把它命名為「邏輯寫作課」，有非常多的「不承諾」。

- 不承諾你學完立刻能賺錢
- 不承諾你學完就能寫出10萬＋
- 不承諾你能學到幾十個技巧點、知識點

那這門課又能承諾些什麼呢？我想大概有以下三點。

一、真正有效的寫作方法——萬能寫作法

李小龍說：「我不怕學習過一萬種腿法的人，我怕的是把一種腿法練習一萬次的人。」市面上的課程，教了你一萬種方法，每一種你都學了一遍，而每一種你都沒學好。

請你回憶一下，當你去學游泳的時候，老師教過你幾種游泳的姿勢和方法？為了學好一種姿勢（比如自由泳），你花了多少時間才能做到換氣的時

候不被水嗆到？

你去健身房，為了練好一個動作，教練會花多少時間和你講解，講解完之後你又要花多少時間練習？如果他講解三分鐘，你可能得每天練三十分鐘，然後練上三週，才能掌握吧。

寫作也一樣。你不需要學習那麼多方法，重要的是，你要把一種方法學到位，練習到位。我總結過一句話：聽課五分鐘，練習一小時。

師北宸的邏輯寫作課會教你萬能寫作法，這個寫作方法適用於九九％的寫作場景。你也只需要學習這一個方法。

你可能對只學一個方法存疑，有一位把課程反覆看了六遍的同學，談了自己的理解，我非常同意他的解讀：

在影音教程中，當老師談到萬能寫作法是本課程的唯一寫作方法時，讓我回想起在第一次直播過程中有同學提出「如果每一篇文章都應用相同的方法，寫出來的文章是否會沒有特點」這一問題。相信訓練營中其他小夥伴也有著同樣的疑問，說實話，那時這個問題也引起了我的共鳴和思考。

昨天聽了老師在影片教程中對於「方法唯一的必要性」的論述後，我發現萬能寫作法的方法和理念與我現在的工作有著相似之處，進一步對比思考後，瞬間茅塞頓開，得出這樣的結論：「方法的唯一」並不會妨礙作品間的差異化。

從汽車產品開發策略角度上來講，「多車型共平台」（在同一底盤架構上開發不同的車型）的開發策略是目前行業的主流做法。最具代表性的就是大眾ＭＱＢ（大眾集團最新的模置發動機模組化平台）平台車型，在ＭＱＢ這一平台架構上，大眾總共開發出二十八款產品，產品類型有三廂轎車、兩廂轎車、ＳＵＶ（運動型實用汽車）、ＭＰＶ（多用途車）、轎跑等多種形式，通俗點講，這二十八款車型看不見的地方都是一樣的，看得見的地方都不一樣。可見基於同一平台，通過不同的造型和配置，就可以產生具有足夠差異的產品。

同理，如果把萬能寫作法比作「看不見」的底盤架構，把「內容和表達方式」比作「看得見」的配置和造型，那同樣可以形成各具特色的文章作品。

我根本不懂「MQB平台車型」是什麼意思，相信你也不需要懂但也能明白他在表達什麼。用更精練的一句話就是：萬能寫作法是一個內核，寫作技巧是各種「介面」。學好內核，一通百通。

二、表達有重點，溝通更高效

萬能寫作法的核心是練習兩個基本元素：觀點與案例。

請想一想，你日常工作和生活中，需要用到寫作的場景裡，都有哪些寫作體裁？按照小時候學習的作文分類，基本上離不開這兩類：說明文、議論文。

什麼是說明文？你要在網上把你現在的房子轉租出去，或者轉讓一個二手電腦，或者去求職、見客戶，你是不是得把你要轉的房子、要賣的二手電腦、要推銷的自己，都寫清楚？我看過很多人即使工作了十年，讓他寫一下工作描述，都寫不清楚。

說明文，要把事兒講清楚、講明白。

什麼是議論文？你想到一個好的點子，去跟老闆講，結果被老闆「拍」了回來。然後你委屈，跟同事吐槽，大罵老闆，聽不進建議。可是你知道嗎，他沒聽，是因為你沒有給他講明白為什麼他要花時間、精力去做。

這時候，你講完一個道理，就需要講故事、擺資料甚至還要分析論證，為什麼做這件事情對公司有利，為什麼做這件事情比做其他事情收益更大。你如果跟老闆把收益和價值講清楚，這就相當於「給他一個無法拒絕的理由」。

《教父》有最出名的一句台詞——給他一個無法拒絕的理由。學會萬能寫作法，學會給對方一個無法拒絕的理由。

三、溝通表達的底層邏輯

萬能寫作法在寫作中的位置，大概相當於咱們小學時學習的「算術口訣表」。「算術口訣表」就是加減乘除，我們現在回過頭去看，它看起來很簡單對不對？可是這麼簡單的加減乘除，你花了多少時間才熟練掌握？——六年。

「算術口訣表」還有一個特點。單獨看非常簡單，可是組合運用就會變得無比複雜。數學和物理兩個學科，都要以「算術口訣表」作為基礎構建。

萬能寫作法相當於寫作領域的「算術口訣表」，是寫作大廈的地基，是學會寫作的底層邏輯。學習底層邏輯，你花再多時間在上面都不浪費，花愈多時間在上面，對你未來的成長和精進就愈有幫助。

很多做新媒體的同學來找到我，說他們非常焦慮。他們寫出過不少10萬＋的文章，可是他們看到我出身於「傳統媒體」的背景，覺得非常羨慕。他們的焦慮和不安我非常瞭解：用戶口味變化極快，熱點一天更替三次、甚至反轉三次，剛把一個熱點研究清楚，熱度就已經過去了。

對他們來說，追熱點找死，不追熱點等死。

學會底層邏輯的好處是，可以不用為熱點所累。我們可以選擇寫一篇十年以後依然有價值的文章，它也許當時沒有10萬＋，但它的價值是逐年遞增的。而10萬＋呢？很多10＋文章價值最大的時刻，就是發布的那一刻。發布完之後，它的價值開始衰減。

我用了一年多時間來製作「邏輯寫作課」這門小課，這門小課在未來的十年都不會過時。有些人一個月就能製作出一門課，但這門課你學完就過時了。

此外，在這門課裡我還會教你如何拆解。《啊，設計！》是日本出品的一部非常優秀的講述設計的紀錄片，在這部紀錄片裡，無印良品的設計師原研哉、深澤直人都談到了優秀設計的重要理念：拆解。他們在設計偉大的產品時，靈感都來源於現實生活。這些靈感並不是毫無來由地「靈光乍現」，而是來源於日常的積累，而這個積累則來源於不斷地拆解。

拆解是學習技能的底層思維。要學會寫文章，先去拆解最優秀作者的作品。你如果喜歡村上春樹，去拆解村上春樹的作品吧；你如果喜歡「三節課」的文章，去拆解「三節課」公眾號發的文章；你如果喜歡智族或新世相，去拆解智族或新世相的文章。如果你希望去三節課、智族或新世相求職，你還可以把你拆解之後的作品發過去。他們看到後肯定會想找你聊一聊。

這門課不承諾你學完就能升職加薪，但相信我，你認真學習、認真踐行，生活一定會有變化。

一天，一位新加坡學員在群裡說：「我從一月九號到二月十三號，脂肪降了五．二公斤，肌肉增加了二．七公斤，有人嫉妒嗎？」

大家非常好奇，問她怎麼做到的？她繼續說：

「我發現我的游泳教練才是拆解大神，我以前一直覺得我會游自由式，只是游不快，他把動作拆解完後讓我做，我發現我根本不會游。然後按照他的方法練了兩次，現在游得挺好。」

再後來，她去翻自己的筆記本，找到了最初在寫作訓練營裡受到的啟發，學習在生活中運用拆解思維。

她的女兒在上高中，一心想考劍橋大學，她把自己的女兒也送到了我的寫作課上。

在這門寫作課上，沒有一百個技巧，學不會10萬+，也很難讓你立即升職加薪。

我無法代替學員去學、去練。如果你不認真練，我沒有任何辦法，我也無法給出任何承諾。

我唯一能確認的是，如果你想真正學習寫作，真正學會一點東西，真正學會學習，我會保證把課做好，剩下的，就靠你了。

感謝你的閱讀，我們寫作課上見。

第四章

筆是你的利刃，
紙是你的戰袍

在這一章中，我會用很長的篇幅談論寫日記——看起來特別稀鬆平常，很多人小時候才做的事。

如果說寫作是投入產出比最高的一項能力，那寫日記大概是投入產出比最高的一項寫作行為。每天五分鐘，如果你能持續寫一週、一個月……一定有效果。

我們來看看這幾段日記：

十月初七日

本日說話太多，吃菸太多，故致困乏，都檢點不出來，自治之疏甚矣！

十月二十九日

自戒菸以來，心神彷徨，幾若無主，遏[1]欲之難，類如此矣！

十一月十六日

餘須戒：吃菸，妄語，房闥[2]不敬。

上面這幾條與戒菸奮鬥的記載，出自曾國藩的日記。通過這幾段日記或許你也能看出來，這裡的日記和以往我們認知裡的日記不同：以往認知裡的日記是流水帳，而曾國藩的日記記錄的則是自我反思。

這個小故事告訴我們，即使是曾國藩這樣對自己要求極高，並且在世俗意義上取得了極高成就的人，在與壞習慣搏鬥的過程中也是非常痛苦的。

人們都會犯錯，第一種錯是人類無法理解和掌控的因素造成的，即無知之錯。例如我們至今無法準確預測地震的到來，然而我們可以在地震高發地區設計抗震的房子。如果五級地震震倒了本該扛得住七級地震的房子，或者在地震高發地帶蓋房子，則犯了第二種錯誤：無能之錯。無能之錯並非因為沒有掌握相關的知識，而是由沒有正確使用這些知識所致。無知之錯我們無力避免，而無能之錯則無法被原諒。

通過曾國藩的日記，我們可以窺見曾國藩與自我的奮戰。我們平時在工作中，又何嘗不需要與自己的懶惰、情緒低落、犯錯對抗？每天寫日記，是避免無能之錯的有力武器，我們應該好好用起來。

在「一把鑰匙」團隊內部，有一個「每日工作清單」群，在很長一段時間裡，團隊成員每天上班第一件事，就是把當天的工作計畫和安排寫好發到群裡。一方面梳理自己當天要做的事情，另一方面讓團隊內部互相瞭解其他人在做些什麼。

---

1 意為「阻止」、「抑制」

2 意為房間、閨房

因為長期寫作的關係，我有隨時隨地做筆記的習慣。因為每天有許多不同類型的任務，比如見人、跑步、寫書、錄製課程、講課、與老師和平台方洽談合作、在寫作訓練營給學員答疑、娛樂等，我也養成了每天做排程的習慣。這兩個習慣，讓我受益匪淺。

你可能是全職太太、大學生，或者自由職業者，但你依然可以為自己安排工作或者任務。有些人喜歡在晚上寫日記，但我比較推薦早上花五分鐘認真寫日記。

有一本書叫《晨間日記的奇蹟》，作者佐藤傳總結了早上寫日記的很多好處。

○ 可以做好一天的準備。（計畫性）

○ 可以準確地寫出昨天所發生的事情。（效率性&忠實性）

○ 冷靜思考前一天的事情，可以中立地看待事情。（中立性）

○ 對於一個午餐和晚餐都要忙於迎合客戶的上班族來說，早上是自己最自由自在的個人時間，不會讓寫日記的習慣中斷。（持續性）

○ 可以將過去寶貴的經驗，運用在當天。（靈活運用性）

我知道，在一線城市工作的年輕人中，很多人是「夜貓子」，睡到上午很晚才起來，昏昏沉沉需要好幾個小時才能進入狀態，到了晚上才有精神。對於「夜貓子」而言，這些好處依然適用——別人的傍晚就是你的早晨。

只在早上寫日記是不太夠的，更重要的是在日記裡寫了什麼內容。有些人把日記寫成流水帳，單純把頭一天做了什麼事情記錄下來，這不是合格的日記。

好的日記要包含以下內容：

○當天任務。列出任務後，界定每一項任務的權重。

○覺察情緒，並且反思。

痛苦＋反思＋行動＝進步。痛苦是情緒感受，反思是理性分析，分析之後要有行動，只有這樣才能讓我們真正進步。

其實每個人都很容易看到別人的缺點，卻常常忽視自己身上的不足。寫日記是一個很好的自我反思的方法，不僅可以避免將自己的缺陷暴露給別人，還可以讓自己面對自己。

寫日記既不是流水帳，也不是單純的情緒發洩。事實上它非常有利於我們的身心健康。我們可以在日記中表露情緒狀態，但是如果只有情緒表達而沒有反思和行動的記錄，寫日記就容易變成一種抱委屈和吐槽的手段，很難讓你產生積極的改變。

試著替任務分類

把當天任務列出來之後，試著給它們分別界定權重，或者分清主次。史考特・楊（Scott H. Young）是一位特別高效的學習者，他曾經在一年內自學完成麻省理工學院電腦科學四年的三十三門課程。他分享了許多特別實用的方法，比如，關於時間管理，他建議將任務分成三類：第一類任務是對未來將產生超過五年的深遠影響的任務；第二類任務是對未來的影響超過六個月的任務；第三類任務是對未來的影響短於六個月的任務。

如果你寫了一天的任務，不妨幫自己的任務權重進行分類。當然，你接下來可能會碰到一個問題，即如何界定每一類任務的權重。以我為例，以下是我列的幾項任務：

○ 創作這本書。
○ 為合作夥伴錄製一節公開課。
○ 發三條朋友圈。
○ 在「師北宸寫作訓練營」答疑一小時。
○ 為朋友的書寫一篇推薦序。
○ 面試一位候選人。
○ 發一篇微信公眾號文章。

在我給出答案之前，你會怎麼給這些任務分類？在分類之前，我給每一項任務的影響權重做了以下界定：創作這本書和寫一篇推薦序，是會對未來產生超過五年深遠影響的任務；為合作夥伴錄製一節公開課以及面試一位候選人，對未來的影響將超過六個月——當然，如果候選人特別匹配或者不匹配招聘要求，也有可能影響會短於六個月或者是超過五年；發三條朋友圈、一篇微信公眾號文章以及在寫作訓練營答疑，影響時間短於六個月。

你可能寫過工作計畫或工作總結，但你是否給每一項工作的影響程度做過分類呢？**傳統的時間管理有一個很大的問題——看似分配好了時間，卻並不一定分配好了精力。給任務分類的意義就在於，你要學會判斷每天要如何分配自己的精力。**

如果你短期現金流比較穩定，並不急於在短期內實現一個特別具體的目標，你可以把五〇%甚至七〇%的精力用於實現長期目標。但如果你平時的大部分工作時間都用來處理緊急和突發的事件，那可能你大部分的精力都要用來解決短期任務。

很多人經常面對突發任務，比如老闆臨時指派的工作。「選擇自己」的創辦人 Kyle，是九〇後中非常出色的時間管理培訓老師。他說，講時間管理課講久了之後發現一個很關鍵的問題——很多人無法自由掌控自己的時間。時間管理課講到最後，都要把別人講辭職了。後來，他中止了時間管理培訓，因為，如果你的時間不屬於自己，那時間管理根本無從談起。

在這種狀況下，時間只能靠擠。每天提前兩個小時起床，週末把能安排的時間都充分利用上，這樣才能擁有一些自由掌控的時間。

還有一類情況是，如果你要在六個月內突擊一門考試或者拿下一個證書，那麼你絕大部分的精力都應聚焦於六個月以內的任務。當然，這時候你可以自行定義每一項任務分類的顆粒度，比如一個月、三個月、六個月。

給每一類任務界定權重最重要的意義在於，你很明確你所做的每一件事情，並且清醒地知道你做的每一件事情都意味著什麼。這很重要。

每天反思：痛苦＋反思＋行動＝進步

《論語》有雲：「吾日三省吾身。」、「溫故而知新，可以為師矣。」、「見賢思齊焉，見不賢而內自省也。」

在我看來，這幾句話都在強調自省的重要性。自省，就是自我反思。自我反思是自我成長和自我學習。很多人對「學習」的理解存在誤區。「今天學到了三個知識點，好開心！」你翻開經濟學教材，學到幾個概念，瞭解了以前未曾瞭解的領域——當然，這非常重要。可是，如果只是把學習定位為學到新知識點，難免讓自己陷入自我局限之中。

我認為學習更底層的邏輯是發現自己的心智模式[1]，識別它，在不同的環境中運用它。只有這樣，你才能往自己身體內不斷注入新的知識、思想甚至是智慧。

這一句話讀起來特別簡單，可是據我觀察，很多人沒有養成自我反思的習慣。當我們看到別人的缺點和不足時，倒是能第一時間指出來。比如我就時常去看別人做得不好的地方，這也是我要不斷迭代的方面。

在《原則：生活和工作》（*Principles: Life and Work*）一書中，瑞・達利歐（Ray Dalio）寫了一個成長公式：

痛苦＋反思＝進步

我給這個公式加了一項：

痛苦＋反思＋行動＝進步

---

1 心智模式（Mental Model）是蘇格蘭心理學家肯尼斯・克拉克（Kenneth Craik）在一九四三年首次提出的。彼得・聖吉將其定義為：根深柢固存在於人們心中，影響人們如何理解這個世界（包括我們自己、他人、組織和整個世界），以及如何採取行動的諸多假設、成見、邏輯、規則，甚至圖像、印象等。從本質上看，心智模式是人們在大腦中建構起來的認知外部現實世界的「模型」，它會影響人們的觀察、思考及行動。

如果你在過去十年裡沒有好好鍛煉過，決定從現在開始跑步，那麼剛跑上幾百公尺，你或許就體驗到了痛苦。這時候，你要停下來，還是繼續跑？在鍛煉的過程中如果碰到痛苦就停、就躲，你很難擁有一個健康的身體。如果你把痛苦視為幸運，那麼恭喜，你開始進步了。

痛苦本身沒有好壞之分，它只是一個信號，這個信號透露了很多的資訊。身體和精神上不舒服，想放棄，想躲避，這是生物本能。接下來，你可以想一想：「咦，我能不能從痛苦上學到一點什麼？」再接下來，你還可以想一想：「學到之後，我能做點什麼？」

假如人類沒有大腦，碰到痛苦的反應可能是逃避；幸好人類有大腦，可以幫助我們反思，甚至能讓我們在反思之後行動起來。

跑步的過程伴隨著痛苦，我們可以不斷告訴自己：痛苦是一個幸運的信號，它在讓我成長；我要做的是迎接它，而不是逃避它。

我們每個人都有選擇權，選擇逃避或者迎接。生物的本能是趨利避害——這是一種自我保護機制。可是在學習過程中不斷逃避，只會讓我們停滯不前。

網路上曾經有一個非常熱門的影片，NBA球星柯比·布萊恩（Kobe Bean Bryant）在球場邊線以便阻擋、攔截對方發球隊員的球，對方隊員在發球前以非常快的速度做出往柯比眼前砸的動作——柯比竟然像沒看到一樣，眨眼速度和面部表情幾乎沒有變化。這個影片從國外瘋傳到國內，大家都驚訝於柯比的反應。長期的訓練，讓他克服了生物的本能反應，不會輕易被對手假動作騙到。

這個小小的案例告訴我們，迎接痛苦的最好方式是面對它。寫日記就是一種面對，接下來迎接它，挑戰它，戰勝它。

在痛苦中學習，你會感受到真正的喜悅。

我們每次講完一次課、做完一次活動，都會「原地復盤」。所謂「原地復盤」就是立即開會討論，總結經驗教訓並討論未來要如何改進。有時候講完課回來已經晚上十點多了，我們甚至會討論到深夜十二點、一點；早上還會進一步反思，然後把復盤的結果發到群裡同步給每個人。每個人講一講這次活動有哪些可取之處，哪些地方需要改進，下一次立即調整。

我們的寫作訓練營社群中也是如此，每一位助教和班長養成了每天寫複盤總結的習慣。經常有學員跟我回饋：「我的同事告訴我，一週不見，我又有變化。」

每週都發生身邊的人可以感知到的變化，這就是進步。

習慣自我反思之後，你會發現自己不斷被打擊，這是好事——我們開始從愚昧走向自知。

在心理學中，有一種叫「鄧寗．克魯格心理效應」（Dunning-Kruger effect）的認知偏差現象，指的是能力欠缺的人，在自己欠考慮的決定基礎上得出錯誤結論，但是無法正確認識到自身的不足，辨別錯誤行為。這些能力欠缺者沉浸在自己營造的虛幻的優勢之中，常常高估自己的能力水準，卻無法客觀評價他人的能力。在「鄧寧．克魯格心理效應」中，一個人從愚昧山峰到開悟之巔，會經歷四個階段：不知道自己不知道—知道自己不知道—知道自己知道—不知道自己知道（見圖4—1）。

你知道大部分的人都處於哪個階段嗎？——第一階段：不知道自己不知道。

我不知道自己處於哪一個階段，但自從創業之後，開始承認我有愈來愈多的「不知道」。如何給自己的課程做行銷？我不知道。如何讓自己的課程被更多人接受？我不知道。乃至如何賺錢，我也不知道。要是放在以前，別人問我一個問題，我能迅速給

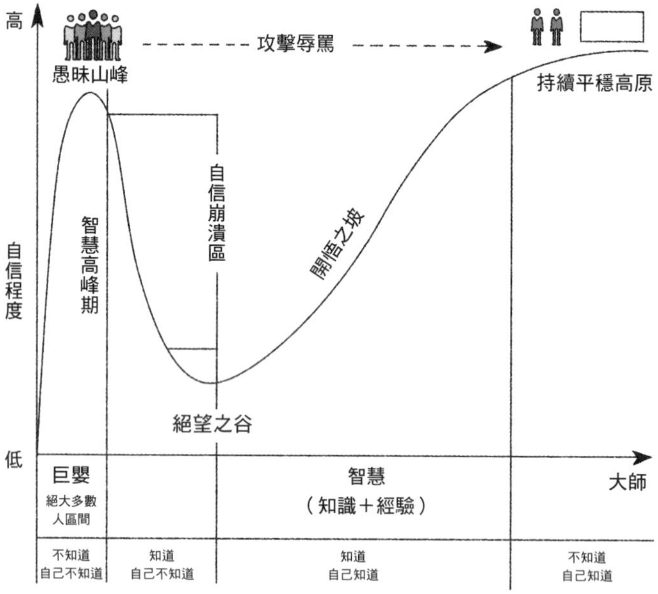

圖 4-1 鄧寧．克魯格心理效應

出答案，方法和案例一應俱全。而現在我會多問自己幾個問題：這樣的方法在這樣的情境下可行嗎？這是唯一的方法嗎？有沒有更好的方法？甚至線下私房課中，經常上各種課程的同行評價我說：「你是我見過說『不知道』最多的講師，也是展示自己弱點最多的講師。」

幾個問題追問下來，在大多數情況下我只能老老實實做一件事：做更多的研究和瞭解，投入更多的時間把事情做到極致。然後不斷和同行探討，看看自己做出來的東西，在市場中大概處於什麼位置和水準。我一直盡可能客觀地認清自己究竟知道些什麼。

反思，其實是一個不斷「知道自己不知道」的過程，知道了自己不知道什麼，然後再努力把自己的「不知道」弄得更明白一點。這時候就會離自知，乃至開悟更近一點。怎麼知道自己是否處於愚昧山峰呢？舉一個我愚昧又自負的例子吧。

二〇一六年，在公關公司做合夥人的我鄙視其他公關公司，甚至面對全公司說過一句話：「我從沒讀過任何一本和公關相關的書，因為將來我們寫的會是最好的。」

幾年前的我，一個PPT講一年，內容幾乎沒有變化，而且也不找同行的書和課程虛心學習。聽到別人說同行哪裡不錯的時候，總會有一種驕傲的心態，甚至下意識地反對別人的說法。這實在是過於狂妄。

現在的我，會把市面上絕大多數教寫作的書都買來認真讀一遍，會每天思考哪一個知識點用哪個案例講述更好，會做五百頁PPT，又砍到三百頁，再砍到一百五十頁，最後做出一門精緻的小課；會時不時做市場研究，通過同行和學員的回饋——尤其是行業重度用戶和同行的回饋，來不斷錨定自己在這個行業中的真實位置。

這一轉變讓我放下自己的驕傲，儘量以一種客觀、理性的視角，全面聽取別人的看法，並且努力關注那些可信度高且與自己觀點不一致的看法，除了聽對方的觀點以外，還要重點聽對方的思考過程和推理過程。

現在回頭看，那時候的自己竟然能講出這種話來，真是覺得汗顏。此後，每當自己的驕傲抬頭，腦子裡馬上又會有一個聲音告訴自己：虛心點兒吧，你懂的太少了，得意囂張什麼？

自我反思並不容易，但只有面對，才能讓我們變得更好。

除了寫日記，還要隨時隨地記筆記

無論你是讀書，還是與別人交談，抑或是聽線上課程，都可以隨時記錄。有時候我在和別人吃飯時，聊著聊著就掏出筆和本子來，把對方嚇一跳。朋友說：「我就是隨便說說，你弄得這麼正式，搞得我好緊張。」其實，你的認真會讓對方覺得受到尊重，因為你很珍惜對方說的話和他的時間。

曾經有一位媒體主編和我談到許知遠，他說許知遠讓他印象最為深刻的細節就是，在一次聚餐中，許知遠掏出筆記本認真記錄他們的談話。

這種隨手記筆記的方式，可以讓你隨時隨地捕捉靈感、積累收穫。很多資訊如果不記錄下來，別說過幾天，很可能當天晚上回去想記錄的時候，都已經記不起來了。

有一次，我去聽伊娃教練的課程，朋友很熱心地在課程開始前，安排我們一起吃午餐，在場的還有一位知名投資銀行的人力資源負責人。這位負責人想邀請伊娃教練做一場培訓，並想長期聘請她給公司高管當教練。在這次午餐會上，伊娃老師對那位負責人說：

> 教練的目的，是讓人變得愈來愈好。怎麼理解這句話呢？比如，你們公司最強的銷售人員可能認為自己已經是最強的了，公司也覺得他已經做到最好，那他是不是可以帶一帶其他銷售人員？
>
> 我覺得其實更應該開發這位頂級銷售人員做教練，激發他的潛能。如果他的業績提升一〇%，對他、對公司都有好處。他的成長，也會刺激其他銷售人員更加努力提高業績。

吃完午餐，在下午的課程中，我又聽伊娃老師介紹了做教練的方法，其中有三個「不」：不評價，不分析，不建議。核心方法只有一個——發問。

不像提供建議的諮詢師，教練通過發問幫助客戶找到答案和解決方法。

我當時在筆記本裡，記錄了這麼幾行字：

目的：讓人變得愈來愈好。
案例：頂級銷售人員。
三不：不評價，不分析，不建議。
方法：發問。

後來我分享給同事清風，清風當時負責班長的營運管理，每天會根據班長提交的復盤日誌提供改進建議。而她的工作也常常受阻：對方會固執地堅持自己的做事方法，不願調整。

清風把給建議調整為發問，很快產生了效果。班長們開始有意識地去借鑒別人的方法，思考自己的方法是否有改進的餘地，接著，他們開始調整自己的動作……

每個人都是按照自己內心已有的那個想法行事，並不是你灌輸給他一個想法，他就能夠立即接受的。想像一下，你小的時候，屋子裡亂七八糟，你媽對你說：「屋子裡太亂了，趕緊收拾一下！」你會因為你媽媽讓你收拾屋子，就去收拾嗎？

在大部分情況下，答案都是：不會。

其實每個人內心深處都很叛逆，每個人都不願意接受被強行灌輸的道理，但是每個人都願意做自己想做的事情。發問，可以幫助每個人找到自己想做的事情，接下來的營運和管理都變得容易多了。

關於如何從午餐會中偷師，你只需要養成一個習慣：隨時隨地記筆記。

李敖筆記整理法

關於隨時隨地記筆記，你可能會有疑問：隨手記的東西會不會太散亂，要怎麼整理呢？我上大學的時候很喜歡一檔電視節目——《李敖有話說》，李敖出過一百多本書，共三千多萬字。在一期節目中，他專門分享了做筆記的方法。

李敖買書有一個習慣：一種書買兩本。在閱讀過程中，碰上覺得有價值的資料，他就用剪刀把資料剪下來。如果同一頁的兩面都有需要的資料，就把第一本書用來剪下正面的資料，第二本書用來剪下背面的資料。

剪好之後，他就把資料放在資料夾裡。每一個資料夾都貼上標籤，然後把資料夾分門別類放到書櫃上。當他寫作需要用到某一類資料時，就找出來。

他生活在紙本書時代，即便晚年遇到網路，依然保持著這樣的習慣。在數位時代，你也可以使用 Evernote、有道雲筆記或者任何一款筆記軟體學習李敖的筆記整理法。譬如，當你閱讀一本書的時候，可以把需要的資料複製下來，貼到 Evernote 中，然後打上標籤，放在一個資料夾裡。電子工具比紙本工具更方便的地方在於搜索。如果你使用 Kindle、iBooks 電子書，甚至可以批次匯出閱讀筆記。當然，這需要運用一定技巧。至於如何運用，可以自行到網上搜索一下教學。

我是忠實的網路科技追隨者，對市面上的電子產品、電腦軟體和手機軟體，我都抱有極大的興趣和熱情一一試玩，而且還寫過不少評測報告。我剛開始寫作的時候，有些書甚至會做好幾萬字筆記，少的也有幾千字，幾年下來，積累了一百多本讀書筆記。再加上平常在網上閱讀時也有隨手做筆記的習慣，我的 Evernote 裡，積累了超過一萬條筆記。

但是，從二〇一八年下半年開始，我回歸了手寫筆記。有一些書即使有電子版，我也會買來紙書版本或者自行列印一份，然後像李敖一樣把資料剪下來，分門別類放在文件夾裡。當我學習一門課程（比如王東嶽老師的「東西方文化溯源與東西方哲學」課程）時，我會手寫數十頁的筆記，然後放到文件夾中。

回歸手寫筆記和紙本筆記之後，我的思路變得更加清晰，思考更加深入，最關鍵的是，工作起來更加專注。每當我忙完課程，一晃三個多小時過去了，想找手機看看消息時，發現手機不在桌子上，床上也沒有，後來跑到客廳、書房……十多分鐘之後，才在書房的沙發上找到了手機。

哪些工具最能讓你發揮創意，讓自己的靈感得以展現？被推薦的工具中一定有紙、筆，或者白板。

紙、筆和白板最大的好處是，你完全不會被工具束縛。想怎麼寫就怎麼寫，想怎麼畫就怎麼畫。在做企業內訓時，興致來了，我也要請客戶提供麥克性筆在白板上寫寫畫畫。畫完之後，乍看一團亂麻，可是寫寫畫畫的過程卻是思維湧現與碰撞的過程。

如果用電腦呢？打開Word、Evernote或PPT（Keynote），你會立即被工具規定的格式束縛，當你使用Word時，卻不能隨意畫；當你在PPT（Keynote）作圖時，卻發現想隨意畫一個流程圖或模型好麻煩……當然，在紙上或白板上理清思路之後，再挪到電子工具上呈現，把結果分享給其他人，這是最合適的組合。

如果你已經忘記了手寫的感覺，不妨再撿起來。每天試著花五分鐘寫日記，是開啟一天工作，安排一天生活的一種實用手段，也是一項非常有效的儀式化工作。當你坐下來認真寫下這一天需要完成的任務時，相當於給自己一個承諾。羅伯特·席爾迪尼（Robert B. Cialdini）在《影響力》（*Influence: Science and Practice*）一書中，闡述了「承諾與一致性」原理：一個人「一旦對自己的行為或選擇做出承諾，就會努力保持言行一致」。而寫日記的方式，可以幫助你讓行為與承諾靠近。

當然，如果一開始做不到或者做不好也沒有關係，畢竟習慣的養成需要時間。寫日記的目的是讓自己反思，通過反思不斷修正自己的行動。如果偶爾有一兩天沒做到，也不需要自責或感到愧疚，最重要的是已經開始行動，持續行動。只要行動，就一定有變化。

週記：復盤，避免閉環

戴爾・卡內基在《人性的弱點》中曾經寫過這麼一個故事。

華爾街一家銀行的總裁曾在課上分享他提高自我的方法。這位先生沒怎麼上過學，卻是全美最著名的銀行家之一。他說他的成功很大程度歸功於一套自創的方法。

多年來，我習慣把每天的日程記錄下來。**家人會把週六晚上的時間留給我獨處，他們知道那是我固定用於自省和自我評估的時間。晚飯後，我打開日程簿，回想這一週的會談、討論和會議**。我會問自己：「上次我犯了什麼錯？」、「我的哪些做法是正確的？怎樣能表現得更好？」、「從這次經歷中我能學到什麼？」

一開始，這種每週回顧通常會讓我覺得很不開心，為自己做的種種錯事懊惱不已。但這些年下來，我犯的錯誤愈來愈少了，有時我甚至想拍拍自己肩膀，告訴自己幹得不錯。我年復一年地堅持這一自我分析、自我教育的過程，這個習慣讓我受益匪淺，遠勝於其他任何方法。這一做法提高了我的決策能力，讓我在為人處世方面得到了潛移默化的進步。我向大家強烈推薦這個方法。

為什麼不用同樣的方法，審視一下自己該如何應用本書原則呢？這樣做有兩個好處：首先，這是一個有趣而無價的學習過程；其次，你會發現自己的能力飛速提高。

請注意加粗的內容：

家人會把週六晚上的時間留給我獨處，他們知道那是我固定用於自省和自我評估的時間。晚飯後，我打開日程簿，回想這一週的會談、討論和會議。

我也養成了一個習慣：定期整理自己的筆記。

二〇一九年三月，我結束了深圳兩天一夜的線下課程，之後我和團隊、合作夥伴以及參加線下課的同學分別做了多次課程復盤。

我一共記錄了三十多頁筆記。回到北京後，第一天，我就開始整理筆記。先把所有筆記取出來，重要的保留，不重要的扔掉。我用的是A5活頁筆記本，可以一張一張取出來整理。

當然，這裡會碰到一個難題：如果其中一頁筆記，分別屬於不同的兩個甚至若干個分類怎麼辦？比如，我有一頁筆記記的是我的合夥人高潔的特性。把不同的筆記，分門別類放進不同的資料夾。

4月4日日誌

中午吃飯，和高潔聊到她擅長「場景化記憶」這件事情。

高潔完全看不下去純流程性、純操作流程性影片（如健身影片、美妝影片）。

事實一：她身體協調性不好，只能通過找私教的幫助來完成動作。

事實二：她的記憶方式是與場景相連，譬如在某個咖啡館或某個合作夥伴的辦公室裡談論了一件事情，她能回憶起當時的場景。

啟示一：與她溝通，適合使用場景描繪方式交流，而非流程式語言。

啟示二：如果要表述流程，可以將流程做成圖解，即將流程圖解化、場景化，這樣就適配她的理解模式。

案例應用場景：

「前鋒 vs 後衛」故事，角色分工、能力模型。

（前提條件：自我認知／他人認知）

這頁筆記的結構就是以萬能寫作法（觀點—案例—結論）呈現的。開頭「高潔擅長『場景化記憶』」以及「高潔完全看不下去純流程性、純操作流程性影片」，是核心觀點。

接下來列舉了兩個事實，即案例。最後得出了兩個啟示，這是結論。如果我想寫一篇關於場景記憶的文章，這就是一個寫作框架。觀點、案例、結論俱全，剩下的就是找到更加通用的案例來說明「場景化記憶」是高潔獨有的特性還是很多人共有的。

在兩點啟示之後，我還寫了案例應用場景。所謂的案例應用場景，指的就是這個案例可以用在什麼情境之中。借這頁筆記，我想討論日常溝通中特別需要注意的一個問題。

很多時候溝通無效，是因為你的輸出模式與別人無法匹配。每個人的資訊接收模式不同，如果輸出模式與接收模式不匹配，勢必會造成「雞同鴨講」的局面。

在發現高潔的資訊接收模式是「場景化記憶」後，高潔給我發來了關於這個特性的更多資料——她此前做過一次基因檢測，檢測結果顯示，她的情景記憶能力很好，在所有人中，情景記憶能力很好的人占比五八·二%，且亞洲人的情景記憶力普遍不錯。

該基因檢測對情景記憶能力的描述是：

> 你可能容易快速掌握和記憶場景化的事物。讓你回憶昨天新學的單字，你可能會因為想到寫有單字的卡片而很快想起。

情景記憶指對親身經歷過的情景事件的記憶，就像針對某件事存儲了很多相關的照片在腦海中，想起這事或看到相似的情況，就容易回憶起當時的場景。

比如，你會想婚禮那天時，可能會迅速在腦海中浮現出藍天白雲晴空萬里下新娘幸福的笑容；或者你走到曾經路過的十字路口，就容易想起向左走向右走分別會遇到怎樣的街景。

情景記憶是發展長期記憶必不可少的關鍵，對我們的工作和生活都很有幫助，有利於我們學習和回憶資訊。

我把這份資料記錄在了這一頁筆記的背面，作為參考資料備存。內部溝通的時候，如果涉及比較複雜的流程性內容，我會畫草圖給高潔，這樣更便於她的理解。此外，我們正在和一位特別擅長做流程圖解的老師合作圖解課程，我和高潔說：「你來做課程回饋。你知道自己需要什麼、不需要什麼——要是你看不懂，那就說明圖解沒畫好。」

我花了較大的篇幅去寫這樣一個案例，目的是希望可以把我對周記的使用方法和經驗分享給你：扔掉那些在你看來無意義、不重要的筆記，留下並強化那些對現在和未來都有意義的筆記。

扔掉無意義、不重要的筆記，就像定期做大掃除，整理乾淨、收納整齊。我們每天刷牙、洗臉、洗澡，試問，又有多少人會像刷牙、洗臉和洗澡一樣，定期（比如一週）清理我們內心的垃圾呢？

基於當下的考量，大膽扔掉無意義、不重要的筆記，整理頭腦和心靈。我們要活在當下，並通過這些當下構築我們的未來。

注重推理思考過程，同時要拿成果說話

很多人在工作中需要定期寫工作報告，而週報就是工作報告的一種。有一些公司注重KPI（關鍵績效指標），KPI考核對於提升短期業績有幫助，但是很容易影響公司長期價值。比如，你在追求一百萬元銷售額過程中急功近利卻忽視了服務。短期來看，服務是「看不見的」成本，無法在銷售業績中體現，但這是以犧牲長遠發展為代價的。

我們公司內部推行週報制度，寫週報的標準至少包括以下三條：

- **〇注重思考過程，無論是成功的經驗還是失敗的教訓，都要有思考過程的闡述，並盡可能闡述事實。**
- **〇要拿成果說話。每週只需要寫一至三個核心成果，如果超過三件，說明精力太過分散，不夠專注。**
- **〇寫一個用戶故事。哪怕寫一兩段，也要通過這種方式不斷加深對使用者的理解。**

我的第一條標準參考了瑞．達利歐在《原則：生活和工作》中談如何聽取別人意見的原則，第二條標準參考了《葛洛夫給經理人的第一課》（*High Output Management*）中如何衡量一個經理人的成效的標準。

給一項工作的優劣下結論非常容易，但是描述推理思考過程則沒那麼容易。每個人都有自己的觀點，也熱衷於和其他人分享自己的觀點。如果未經深入思考和檢視，你很難分辨這一次成功究竟是因為關鍵動作做到位了，還是因為運氣。其實絕大多數情況下，我們無法找到因果關係。我們所謂的歸因，很多時候不過是事後的歸納總結罷了。歸納法並不能保證我們再一次成功，但是推理思考，可以讓我們得到啟發。

在談到如何聽取別人意見時，瑞．達利歐說：「關注發言人的推理過程，而非其結論。在對話中很常見的情況是，人們會分享結論，而非結論背後的邏輯。所以說，人們對自己的爛主意深信不疑的情形屢見不鮮。」週記（週報）是一種自我溝通以及與他人溝通的方式，通過寫週記（週報）來不斷審視自己，可以讓我們免於落入自欺欺人的陷阱。

在《葛洛夫給經理人的第一課》中，安迪．葛洛夫最重要的一個觀點是：「一個經理人的產出，是他所管理或影響的部屬工作的成效總和。」北京大學國家發展研究院陳春花教授講過一句話：「你的績效的七〇％不由你的績效決定，而是由你老闆的績效決定的。」注重產出，並且是與老闆工作方向一致的產出，這是非常重要的一種拿成果說話的方式。

很多公司都有一個工作方法——結果導向，所謂結果導向就是「請告訴我你做成了什麼，而不是你在努力做什麼」。

很多人寫週報的時候拉拉雜雜寫一大堆過程，但對結果避而不談，這反而暴露出沒有拿得出手的成績，無功勞可談，只好寫苦勞。

沒有產出的確令人羞愧，但在記週報的一開始，就養成寫結論的習慣，可以倒逼自己有產出意識。

如果可以，盡可能坦誠、直接、公開、透明

我曾經在「豌豆莢」高速發展時期在那工作過一年。「豌豆莢」的內部溝通文化與谷歌非常相似，宣導公開透明，從CEO到任何一位員工，內部文檔中每個人的週報你都可以隨意翻閱。在谷歌，CEO賴利・佩吉（Larry Page）的OKR（目標與關鍵成果）[3]也是公開的，每一位員工都可以看到賴利・佩吉給自己定的年度目標。

很多公司的內部文化比較保守與封閉，但一個組織要有活力，訊息一定要通暢。這也是為

---

3 OKR即目標與關鍵成果考核，這是一套不同於KPI的對員工工作的考核方法，由英特爾公司發明，在矽谷的科技公司中普遍使用。

什麼矽谷最有活力的科技公司內部都倡導坦誠、直接、公開和透明。最近幾年，我也看到愈來愈多國內的公司提倡公開與透明。比如「得到」每週二給所有用戶直播他們的內部會議，與用戶同步最近的計畫與進展，讓用戶知道他們最近思考的問題。我們從創業之初，也會不定期給用戶做影片直播，同步我們近期的思考，聽取他們的回饋，並優化和改進自己的工作。

在鳳凰網工作的時候，我們也需要寫週報。很多同事在週報裡只是按照要求描述自己本週的成績：做了哪些重大報導，有什麼樣的數據。而我的做法卻不一樣：我在週報裡寫下了很多思考。我原樣呈現對想不通、搞不懂的問題的思考過程，很意外的是這些內容獲得了總編輯的回饋。

我在加入鳳凰網第三個月的時候，就受到總編輯的邀請，參加年中的高管會議。在這個會議上，我發現自己是年齡最小、職位最低、入職時間最短的一位。我沒有參加討論，也沒有發表任何看法，全程旁聽，但受益匪淺。

當我開始創業之後，我發現每天面臨的問題、產生的困惑是遠多於解決方案的。很多時候你以為有解決方案，卻不一定有效——在嘗試了好幾種解決方案之後，才有可能找到一條真正有效的路。

房子、車子、孩子、父母、工作……我們每天面對著無數根線頭，我們要如何從一千根線中找出最重要的那一根呢？我們可以像卡內基分享的那個故事一樣：每週找一天，晚飯後，打開日程簿，回想這一週的會談、討論和會議。進行自省和自我評估，必有所得。

我們公司內部也盡可能本著坦誠、直接、公開、透明的工作風格。比如有一次晚上，我的同事清風發了一篇長文告訴我，白天我給她提的建議讓她很不舒服。起因是在中午好幾個同事一起吃飯的時候，我冷不防給她提了個建議，說她在朋友圈文案的轉化上並不是很出彩，不妨直接用另外一位合作夥伴的文案。她一方面反思自己的工作是否做得不夠好，需要如何改進；另一方面又覺得自己被我的話給刺傷了。

第二天中午開會的時候，我也在所有同事面前向她道歉。一來，給建議的方式過於簡單粗暴，沒有考慮她的感受；二來，我給的建議並不足夠慎重，應該基於一定的調查。

講完之後，大家都為清風鼓掌。——是的，不是因為我道歉為我鼓掌，而是為清風勇於邁出這一步，直接將她的感受和需求告訴我而鼓掌。我們鼓勵坦誠與直接的溝通。

還有一次週會上，我們還在實習的同事小魚兒分享了她有一段時間因為情緒抵觸，無法聽進去別人的回饋和建議。當她發現這個現象時，她在週會上就這麼說：「當一個人處於情緒之中是聽不進去建議的。先用錄音軟體錄下來，然後等到情緒平復的時候再去聽回饋，一方面自己能夠更客觀地去判斷，另一方面能推動工作的改進，不然別人就白回饋了。」小魚兒講完，團隊所有人為她鼓掌。

週報說明	我們內部文化要求做到盡可能公開、透明與坦誠。內部所有人可查閱，鼓勵互相回饋。 因為對內完全公開，這也意味著很多內部的資訊對所有人是透明的。除非師北宸或高潔任何一人允許，否則不可以對外發放。 週報原則不定期修訂，核心團隊成員有任何意見均可提出。 撰寫：師北宸 2019.7.29 第一版
週報流程	每週日交本周週報，發到週報資料夾，然後同步到週報群裡。
週報撰寫格式	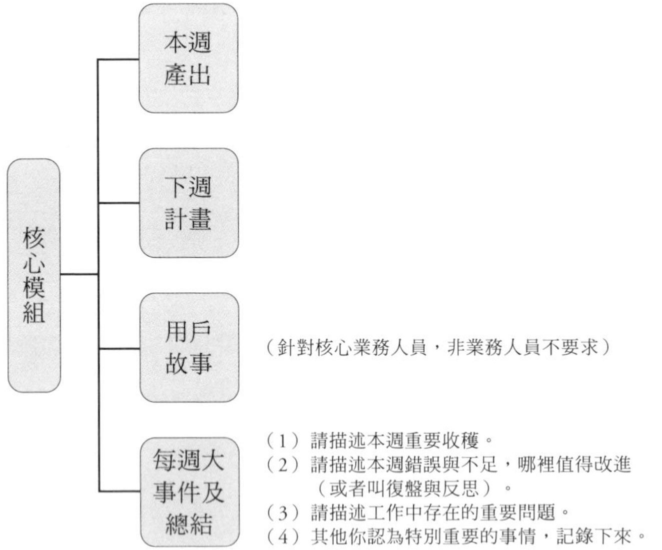

總結：總結做得好，工作少煩惱

當我準備和一個人理論時，我會用三分之一的時間思考我的立場，以及我想說什麼；另外三分之二的時間，我會思考對方的立場，以及他想說什麼。

——林肯

每個人遇到寫總結的機會不會太多，但是當你因為申請學校或升職要寫自薦信、自我介紹的時候，你可能就要撓頭了。

總結至關重要。「80／20法則」很多人都聽說過，在日常工作和生活中也會用到，可是「2／98法則」卻很少有人聽說過，而2／98法則卻更重要。我第一次瞭解這個概念，來自滴滴的天使投資人王剛的分享：

「商業其實是2和98的法則，『二八法則』是騙人的。我們反思一下，跟我們關係最鐵的，能產生最大愉悅程度的，只有那二％的人，但這二％的人並沒有被我們給予足夠多的關懷和重視。相反，我們把時間和精力分給了二〇％的人。」

他討論的是人際關係，在人際關係裡，父母、孩子、伴侶、最親密的朋友在你所有的人際關係中，只占二%的比例，但是對你的情緒影響程度超過九〇%。如果你的核心朋友圈有二百至二百五十人，對你來說最重要的其實不過四五人而已。

某些工作能力、某些工作專案，出現的頻率只占二%，卻有可能影響你九〇%的工作。而你總結的重點，就是極大地影響主管、同事、合作夥伴對你的評價的二%的事情。

所謂的總結，既包括階段性工作總結（比如年度總結、季度總結、月度總結），也包括重大工作項目總結。在家庭中，你甚至可以就生活中的重要議題與家人一起總結。

工作總結要遵循一個標準：關注能顯著影響別人對你的個人能力進行評價的方面。這有點像檔案或者銀行信用記錄，會伴隨你一生。在家庭中的生活總結要遵循的標準是建立共識。這裡我們只談工作總結。但是我相信，它對你的生活也會有很重要的影響。

根據前面的2/98法則你會發現，總結屬於平時練習得少，可是卻很要緊的工作。應用場景包括面試、寫自薦信、升職加薪申請、升學申請……

那麼，總結有多重要呢？這有點像NBA總決賽最後一場，作為替補隊員的你上場，最後二秒鐘時，你正準備傳球給你們隊最會投籃的隊友，對方卻故意在你身上犯規，這時你們隊伍落後一分：接下來，你要投出決定生死的兩次罰籃。你如果投進兩球，你的球隊贏；如果投進一球，進入加時賽；如果兩個球都罰丟，那就會輸掉這場比賽。

這個場景基本能反映工作總結的性質——平時的積累是基本盤，這一次機會，就看你能不能把握住。

此外，不斷進行工作總結，會給你帶來意想不到的收穫——「意外的貴人」。下面我們就來說說，什麼是「意外的貴人」。

找到你人生的賽馬

要獲得真正成功的人生，關鍵在於相信他人。也就是說，你得找到一匹可以駕馭的好馬。

這是「定位理論之父」阿爾．里斯和傑克．特勞特在定位系列的《人生定位》中的一句話。《人生定位》的中文書名很雞湯，而且蹭了「定位」這個詞的熱點。其實，它的英文原版書名叫「*Horse Sense*[4]：*The Keys of Success Is Finding a Horse to Ride*」，直接翻譯過來是「馬感：成功的秘訣，就是找到一匹好馬」。

馬感和球感、網感類似，如果你球感好，運球、傳球、投籃都不會差。好幾個人向我推薦這本書，他們在推薦這本書的時候，偷偷地說：千萬不要讓你老闆知道。

4 編按：常識（common sense）之意。

我覺得這句話講出了職場成功甚至在世俗意義上取得任何成功的真相，能這麼赤裸裸、一針見血講真相的書不多，當時看到的時候，我渾身打了個寒戰。

別人每天工作十小時，你工作時十二小時，一定能比對方更成功嗎？不見得。樓下小賣店，天剛剛亮就開業，你回家睡覺了才關門，小賣店不一定賺得有你多。

更好的思維方式、更多的見識，能讓你更容易取得成功嗎？不一定。大部分大學教授和其他知識分子，通過本職工作獲得的收入是很慘澹的。

職業目標清晰，不斷往一個目標努力，能成功嗎？也不一定。如果你想去一家科技公司當CEO，你會在一家賣可樂的公司幹十六年嗎？顯然不會。——沒錯，我說的是約翰·史考利（John Sculley）。一九八五年，賈伯斯把他從百事可樂挖過去擔任蘋果公司CEO，沒多久，賈伯斯被約翰·史考利從蘋果公司趕了出去。馬化騰當年還想以五十萬元把QQ賣給張朝陽，卻被張朝陽拒絕，他只好咬牙堅持做下去，這才有了今天的騰訊。騰訊市值最高的時候超過四千五百億美元，而搜狐現在的市值卻只有五至六億美元。

在《人生定位》中，里斯和特勞特這麼說：

如果你關注自己，你就只有一次機會贏得比賽。如果你開闊眼界，把他人也納入你的關注之中，那麼你的勝算將大大提高。如果能更進一步擴大視野，你將會發現更多的機會，產品、創意、天時地利、公眾知名度——這麼多的駿馬都能幫你贏得比賽。為什麼還要把注意力集中在自己身上呢，畢竟單憑自己，你只能有一次獲勝的機會。敞開你的胸懷，你就能擁有成千上萬的機會去博取成功。

你的老闆、同事、合作夥伴，都有可能成為你的馬，而你的老闆可能是最為重要的一匹。在理解了這一點之後，你需要有一個意識：時刻注意如何「管理」老闆。學會管理老闆，你就學會了管理所有人。

管理老闆，最基礎的原則就一條：站在老闆的角度思考，而不是只從自己的角度出發。

站在老闆的角度思考，以老闆能理解的語言來寫

彼得．克拉克（Peter Drucker）在自己的兩本管理學著作《彼得．杜拉克的管理聖經》（*The Practice of Management*）和《杜拉克談高效能的5個習慣》（*The Effective Executive*）裡都提到「管理老闆」的概念。他在書裡說：

> 你要知道，你的老闆也是個人，是個與眾不同的個體，有他習慣的工作方法，作為下屬，你應該知道你的老闆需要什麼、不需要什麼。

寫總結之前，你要搞清楚哪些人會讀你的總結。我在鳳凰網科技頻道做主編的時候，看我工作總結的有財經中心總監和鳳凰網總編輯，以及編委會。同時，我會把我的總結發給我的搭檔，科技頻道的副主編。

如果只面對主管，可以直接寫你對團隊人員的看法——每個人最近好的表現、不好的表現，有何問題，如何改進……，也可以向主管請教團隊管理問題。

但如果要給全團隊看，這種寫法就不太合適。這時，總結裡更適合寫業務進展、碰到的問題以及如何解決。如果你要對某個成員提出建議，適合一對一單獨談，而不要當著很多人的面，談對方的缺點與不足。

在總結中，你的產出要與公司的大目標和方向一致，這樣大家才能形成聯盟，一起往前走。我剛到鳳凰網不久的時候，有一次把總結交上去後，主管回覆了一句話：「你對頻道營運負第一責任，我對你的責任負責。頻道我交給你營運，你做好了，我跟著沾光；你做砸了，我首先承擔責任，再向你問責。」

賈伯斯的下屬、皮克斯的總裁艾德・卡特莫爾（Ed Catmull）「對付」賈伯斯就很有一套。《成為賈伯斯：天才巨星的挫敗與孕成》（*Becoming Steve Jobs：The Evolution of a Reckless Upstart into a Visionary Leader*）記錄了他「管理」賈伯斯的細節。他說，對付賈伯斯很重要的一點是，要會翻譯他說的話，比如當他說「這個東西簡直是垃圾！」的時候，你不要害怕，他的意思其實是「你能不能給我講講，你為什麼選這個方案？」如果你說得有道理，賈伯斯會聽取你的意見。在如何與賈伯斯打交道上，卡特莫爾很有自己的心得。

卡特莫爾在賈伯斯收購皮克斯的時候，和他接觸了多次，他發現賈伯斯有兩個特點，一是賈伯斯非常在意自己的時間，尤其那個時候，賈伯斯要管理 NeXT[5] 和皮克斯兩家公司，時間就更緊了；二是，賈伯斯說好聽點是非常注重細節，說得不好聽點，就是什麼都想自己插手管管。

針對這兩個發現，卡特莫爾在一開始就做了一個決定。

首先，他並沒有讓皮克斯搬家，也就是搬得離 NeXT 總部近些，而是很長時間都一直在原先的小破辦公室。但是他每週一會開車近一個半小時，穿越三藩市的金門大橋，主動向賈伯斯報告工作。

這樣，一方面節省了賈伯斯的時間，讓他一直清楚皮克斯在做什麼；另一方面，又讓賈伯斯無法插手皮克斯日常非常細節的營運工作，他和拉塞特可以自己說了算。因為你也知道，創意行業最怕的就是不懂行的老闆瞎指揮。所以卡特莫爾這一招非常妙，而

5 由賈伯斯於一九八五年創辦的一家電腦和軟體公司。

這也是建立在對賈伯斯性格的理解上的。

卡特莫爾後來成了公認的管理專家，他寫的《創意電力公司：我如何打造皮克斯動畫》（*Creativity, INC. Overcoming the unseen forces that stand in the way of true inspiration*）一書，成為公認的管理學必讀書目，而極其自負的賈伯斯也承認，他從卡特莫爾身上學到了很多經營公司的心得。

在很多人的觀念裡，管理是自上而下的行為，他們並沒有意識到這裡的「管理」是由下而上，老闆也是需要去「管理」的。管理老闆是一門學問，通過每週總結與老闆定期溝通，是一種非常好的管理老闆的方式——哪怕公司沒有要求，對方能更明確你做出了什麼成績，也知道了你是如何思考的。

寫上主管、客戶、同事、權威同行對你的評價

自己說自己好，不夠客觀，如果你所在領域的權威專家，在正式或非正式的場合給過你不錯的評價，要留意收集起來。如果你是一個喜劇演員，一個普通觀眾說「你很搞笑」說服力有限，但是如果周星馳在看過你的電影後說上一句「哇，你好搞笑，這種搞笑方式我都做不來」，權威程度則完全不是同一量級的。

看到這裡，可以去翻一翻自己的微信，有多少人給過你正面評價？這些都會成為你的背書。你寫工作總結、自我介紹、自薦信時都可以用上。

譯言是我畢業時加入的公司，譯言創辦人趙嘉敏，二〇一二年曾給過我如下評價：

師北宸參與組織二〇〇九年凱文·凱利（Kevin Kelly）的中國之行，並協助《釋控》（*Out of Control: The New Biology of Machines, Social Systems, & the Economic World*）中文版在中國的推廣工作。《釋控》這本書獲得了遠超行業預期的極大的流行度，並收到了很高的讚譽。

師北宸在科技、創新與商業趨勢等領域是一位活躍的作者，當他決定成為中國頂尖的科技作者時，他花了整整一年閱讀、學習和思考。而後，他的文章出現在了紐約時報中文網和金融時報中文網上。

趙嘉敏是一位對內容要求極高的人，他創辦了譯言網和東西文庫，將凱文·凱利引入中國，並引進了非常多科技前沿書籍。如果大部分媒體文章在他看來水準在及格線上下，當我看到他給出「你在紐約時報中文網的文章能達到八十分以上」這個評價的時候，我覺得得到了莫大的肯定，而我在背後傾注的心血，也沒有白費。

中國人普遍比較含蓄，把別人誇自己的話寫在總結裡，其實需要克服心理障礙，因此，是否要這樣表達以及表達的分寸和邊界把握，都需要根據自己所處的環境和公司文化來靈活判斷。

我在二〇一九年推出「思維轉型」線下私房課，在這個課程中，我放入了「產品思維」、「使用者思維」、「槓桿思維」、「第一性原理」、「多元思維模型」、「原則思維模型」等內容。二〇一八年下半年，在糾結要不要推出這個主題的時候，我壓力非常大，經歷了很煎熬的自我鬥爭：我能把握得了這些主題嗎？我的履歷是否有足夠的說服力讓用戶買單？

鬥爭了一個多月，最後我下決心做。**事情是做出來的，不是想出來的。只有行動起來，才會逐漸獲得別人的認可。**此外，讓我下定決心去做的一個很重要的原因是：我要自我挑戰一把，在推出這個主題的同時，對這些思維模型建立更深的理解。

二〇一九年三月底，第一次開課，前一個半小時我像在夢遊：遲遲進不了狀態，全身不斷冒汗，很多地方剛要深入講解，卻很快跳過；而另外一些地方卻過於囉唆。幸好，課間休息時，朋友和同事給我提了一些建議，我迅速調整，馬上進入狀態。但是第一次課程，依然留下了遺憾。

到了五月第二次開課時，我優化升級了五〇%的內容，對上一次出現問題的部分進行了全面調整和優化。上午的課程結束時，坐在後排的那位學員非常激動，忍不住上台來分享他的感受。他說他曾經在新東方當過十六年老師，後來自己創業，也曾經上過很多線下課程，其中包括七十萬元的商學院課程，但他認為這個課程是他上過的所有課程中最好的。

當我聽到這樣的評價時，那一剎那，我覺得之前的所有努力和付出都值了。

展示你最與眾不同的地方

偉大的公司花了無數的廣告預算，投資數億美元用於產品研發，招聘數萬精英人才，只為了實現一個目標：讓你記住，然後選擇消費。即使是可樂這種差異化極小的產品，可口可樂和百事可樂也成功地讓你知道它們之間的差異。賈伯斯在一九九七年回歸蘋果公司後做的第一件事情就是做一支廣告，這支廣告叫「不同凡想」（Think Different），它也成為蘋果公司和廣告史上，最經典的廣告之一。

在回顧你做過哪些事情的時候，同時也想一想你與周圍的同事最不一樣的地方。可能是一個很小的項目，也可能是一個很小的細節，但是如果它能讓你顯得獨一無二，把它寫進來。

在做寫作課上，我的優勢非常明顯：

○鳳凰科技前主編（大眾媒體）。

- 虎嗅、**36**氪等科技媒體專欄作家（垂直新媒體）。
- 紐約時報中文網、《金融時報》、《彭博商業週刊》專欄作家（外媒）。
- 一對一接觸過數百位諮詢寫作的學員（非常瞭解用戶需求）。
- 開設過多場線上、線下寫作課（已經有非常豐富的經驗）。
- 創辦了「師北宸寫作訓練營」（不僅對課程非常熟悉，還對教育服務也有所探索）。

我不是最知名的寫作者，也不是最好的寫作者。一位九十五分的寫作者講寫作課，很有可能學員仍然聽不懂；而一位在懂用戶程度上做到九十五分的人講寫作課，很有可能因為專業能力不夠而難以被學員認可。在「最好的寫作者之一」與「最懂學員需求的人之一」以及「還能講講」這幾個要求中，我都做到了八十分以上。所有這些經歷，集成一個標籤：全網最貴寫作課打造者。

這其實也給自己一個壓力，因為在人們的心智中，「最貴」往往意味著「最好」，我必須不斷逼迫自己做得更好。後來我們發現，很多用戶在做選擇的時候的確有這樣的判斷：敢賣最貴，應該差不到哪裡去。做用戶調研的時候，每當問到他們對「師北宸寫作訓練營」最大的感受時，「品質感」是許多用戶不約而同提到的一個關鍵字。我們在宣傳上不煽動用戶恐懼和焦慮的情緒，我們的內容不凸顯賺錢和升職，而是刻意強調底層思維，乍一看非常「佛系」，但用戶只要深入體驗一下，便會發現它是最實用的。所謂最慢的也是最快的，最底層的才是真正最有效的。

台灣漫畫家蔡志忠在「生命．成長」訪談中提到，他雖然不太需要錢，也不缺錢，但是他每一次辦畫展都要給自己的畫漲價。他覺得藝術品也要用商業價值來衡量，他希望別人買了他的畫之後，他的畫能不斷升值，並且認為這項投資比投資理財或投資房產更好，這樣他才覺得對得起別人對他的畫的投資。因此，七十多歲的他依然堅持每天工作十六小時，他覺得這是對支持他的人的尊重。

我在剛創業的時候也定下了一條原則：要給最早支持自己的用戶最好的條件，愈早支持自己的用戶愈早受益。在做課程和訓練營的過程中，我們發現市場上絕大部分課程關注的是「事情」，而非「人」。很多人認為既然是「思維模型」課程，那應該展示很多的思維模型才是。可是等等，試問，如果你對自己的思維模式都不夠瞭解，也不知道自己與眾不同的地方在哪兒，又如何能讓自己真正實現思維轉型呢？

我們找到了自己最與眾不同的地方：品質和人。我們最關注自己提供的產品是否足夠優質，同時我們最關注的是人——思維方式，最終也要應用在「人」身上。我們從一開始，就非常堅定地想「不同凡想」，並將繼續如此，這樣才能讓別人更加清楚地知道我們是誰、我們在做什麼。

如果現在將視角切換到你身上，你身上最獨特的地方在哪兒？請務必挖掘出來。你也可以像我一樣，挖掘多維度的競爭力。三個八十分以上能力的累加，遠遠超過一百分的單一能力。一百分的單一能力除了需要付出兩倍、三倍甚至十倍於八十分單一能力的努力，而且有時還需要更多的天賦和更好的運氣。

記筆記：做靈感的捕手

寫了這麼多，你可能會想問：

你是怎麼記筆記的？

你每天都記筆記嗎？

你有什麼記筆記的工具推薦？

你為什麼還用紙和筆記筆記，手機和電腦不是更方便嗎？

……

我記筆記經歷過好幾個階段，從完全電子化到紙本筆記與電子筆記相結合，再到完全紙本化。

電子化筆記

我在上大學的時候就對網路產生了濃厚的興趣，也是 Kindle、iPad 等電子書閱讀設備最早期的使用者之一，為了做筆記，我甚至獨自探索出 Kindle 一鍵匯出筆記檔案的方法。

這個階段的我，把效率放在第一位。

我使用的閱讀 App 主要是多看，它支持大部分電子書格式，並且記筆記極其方便，也能全文匯出讀書筆記。後來轉為使用 Kindle，因為 Kindle 可以提供一個完全不受干擾的閱讀環境。但 Kindle 的問題是，可以搜索查詢筆記，卻無法匯出。當我找到匯出 Kindle 筆記的方法後，這一問題便不存在了。在網上閱讀的文章，我會直接用 Evernote「剪藏」功能，收集所有對我有啟發的內容。顧名思義，「剪藏」就是把網頁內容「剪下來」，然後「收藏」到 Evernote 裡。此外，你還可以給自己剪藏的內容打上標籤，更加方便檢索和查閱。

和前面提到的李敖筆記法相比，Evernote 只需要三秒。在短短幾年時間裡，我收藏了一萬多條筆記，並且早早地成了 Evernote 的高級會員。Evernote 的好處是可以隨搜隨用。我日常會隨時打開 Evernote，記錄自己的收穫和心得。

紙本化筆記

創業之後，我開始更頻繁地用紙本筆記本記筆記和寫作。雖然用本子記筆記的習慣已有多年，也經常在和朋友見面的時候掏出本子來，隨時記錄從談話中得到的啟發，但從創業開始，幾乎每天都在白板上寫寫畫畫。如果身邊沒有白板，那當然需要紙筆。

這時候已經有更好用的電子工具—— iPad Pro ＋ iPencil，用 iPencil 就可以在 iPad 上寫寫畫畫。這時候你會發現，科技進步最具黑色幽默色彩的地方在於，你花了一萬元買的電子產品，它的功能和十元買的本子效果差不多。科技的進步，竟然在不斷接近最原始的輸入和輸出方式。

用紙本筆記本最好的地方在於無拘無束，可以自由發揮。筆記本最好是活頁的，因為裝訂好的筆記本會讓你害怕犯錯，不敢隨便寫隨便畫。我一度追求買貴的筆記本（比如德國燈塔筆記本），一個筆記本幾百元。剛開始使用時，因為花了不少錢買的，一定會珍惜著使用，而且一定會用完。當我在寫筆記上投入更多時間和精力，並使之成為我的習慣之後，我改用活頁筆記本。這時候使用筆記本的心態完全不一樣：隨便寫寫畫畫，不怕犯錯，寫錯了或寫得不好可以撕下來扔掉。一本活頁紙只要幾元錢，用起來完全不心疼。

這意味著我的需求在更替：從努力養成記筆記的習慣到追求自由自在、無拘無束地記筆記的狀態。靈感借助紙筆自由流淌，被激發，被釋放。如果你享受過靈感噴湧而出的狀態，那一定是用紙筆寫寫畫畫的時刻。

漫威電影《鋼鐵俠 3》有一句著名的台詞：是鋼鐵俠成就了戰衣，還是戰衣成就了鋼鐵俠？

對寫作者來說，最好的戰衣，便是一支筆、一沓紙。

從現在開始養成記筆記的習慣

如果你讀到這裡，那麼不妨從現在開始，養成記筆記的習慣。

養成習慣需要一個過程，一開始熱血沸騰，但在這個過程中，你可能會碰到很多阻礙你的狀況。最常見的就是三天打魚兩天曬網。

很多時候我們的熱情只能持續三天，甚至三分鐘。為了避免三分鐘熱度的情況，記筆記的時候，可以給自己設定一些原則。

原則一：每天只花五分鐘

每天起來之後，第一件事就是花五分鐘寫當天計畫。可能你剛入職場，每天恨不得在床上賴到最後一分鐘才起來，然後匆忙洗漱後出門趕地鐵、公車。我知道你很忙，每天要加班，要看劇，要和別人吃飯，還有很多微信公眾號文章要看，以及很多訊息要回覆，或許還要陪伴家人，照顧老人或孩子……

但是，每天五分鐘，你一定能抽出來。

相信我，坐下來，立刻寫。如果早上做不到，晚上也要做到。

原則二：只寫一句話就可以

你不需要寫太多。打開筆記本，只寫一句話。

這一天對你來說最重要的一件事情是什麼？寫下來。

你此刻的心情如何？寫下來。

你希望這一天如何度過？寫下來。

你最想對今天要見的人說一句什麼話？寫下來。

是的，你只需要寫一句話。

原則三：提前決定好書寫時間和地點

你既可以起床後在書桌上寫，也可以上班後在辦公桌上寫，甚至可以在公車或捷運上寫。

我有一次要趕一篇稿子，晚上十點多才下班坐上公車回家。從公司回去有一個多小時的車程，公車上沒有地方坐，可是我又不想熬夜，於是乾脆坐到公車的台階上，當時台階上還坐著一位大姐，我很抱歉地說：「不好意思啊，我寫點東西。」

我在公車上寫了一千多字，只剩幾百字即可完工。回到家後不到半小時，我就完成了整篇文章，在晚上十二點前發給了編輯。

村上春樹的第一部小說是在酒吧廚房工作台上寫完的。其實，很多優秀的作家第一部作品是在廚房，甚至洗手間裡寫完的。你不一定有很好的寫作環境和寫作條件，但你一定能找到一個能寫的環境。

我有一陣子會到社區的便利店買早餐，便利店裡有三張桌子，買完早餐就坐在便利店裡邊吃早餐邊寫，寫上十分鐘再去上班。這樣的習慣我保持了好幾個月。

頭一天晚上睡覺前，就想一想第二天要在哪裡寫。或者早上起來洗澡的時候想一想，當天準備在哪裡寫。

原則四：讓自己很期待接下來這一句會寫什麼

我有一位朋友一直想養成跑步的習慣，可是跑步實在太枯燥，往往剛跑了十分鐘就堅持不下去了。每次她都覺得很沮喪，對自己很失望。

後來有一次她去參加一位跑步教練的課程，那位教練告訴她：忘掉速度，忘掉距離，感受你在跑步過程中每一步的心情，讓自己保持一種「很想跑接下來這一百公尺」的狀態，如果感覺不舒服但需要堅持，就再慢一點，「慢到讓自己很希望跑下去」。

那一次，她跑了五千公尺，一點不覺得累，而且還很期待第二天還能再跑五千公尺。她說，這是她跑過的最輕鬆的五千公尺，也是她跑過心情最愉悅的五千公尺。

寫作不是任務，不是不得不去做的事情。你嘗試感受一下，「很期待接下來這一句會寫什麼」是怎樣的狀態。當村上春樹開始動筆寫書的時候，他每天什麼時候停筆呢？「在似乎可以寫下去的地方，果決地停下筆來，這樣第二天重新著手時便易於進入狀態。」

原則五：公開立誓

當我開始挑戰一項比較重要的任務時，我會公開立誓。

我在剛剛開始籌備二〇一九年線下私房課的時候，定下的主題是「思維轉型——如何淡定自我躍遷，以應對這個不確定時代」。這個主題的核心內容是八大思維模型，其中包括「第一性原理」、「查理・蒙格多元思維模型」、「瑞・達利歐—原則思維模型」等多個既燒腦又很難講好的話題。之所以想講這個主題，一方面是因為自己從中受益頗深，希望繼續精進；另一方面，也希望給自己設計一個更高的自我挑戰目標。

在籌備整個課程的過程中，我內心不斷經歷著「我要好好幹」、「哎呀，好像不太行」、「誒，我好像很有信心」、「哎呀，講砸了怎麼辦」等不斷建立信心又不斷自我懷疑的循環。

開課前一個月，我在微信朋友圈把私房課的主題、提綱、全年排期以及定價全部公布了出來。很快，同事、合作夥伴以及我們社群的用戶也開始轉發，一天內就有十多個人報名交錢——線下私房課每場僅限三十人。還有一位特別好的朋友給我打電話說：「北宸老師，幫我留兩個名額，我和我同事也要報名。」這時候，我已完全沒有退路。

沒有退路的好處是，你再也不會糾結於「要不要幹」。你只有一個選項——必須幹，而且必須幹好。

我在寫這本書的時候，也跟出版社的編輯當面立誓：「必須在二〇一九年四月三十日之前交稿，如果不交稿，我就裸奔！」如果只是當面說一說呢，還有退路，而我說這段話的時候，編輯拿著手機錄了影片！三月三十一日結束第一期線下私房課之後，從四月一日開始，每天完成四千字。設定任務量，也是從村上春樹那裡學來的。如果你怕自己做不到，如果你害怕每天糾結，那不妨在朋友面前立誓。

在「一把鑰匙·師北宸二十一天寫作訓練營」，我們為每一位參加訓練營的同學編輯了一段誓言，每一期開營的第一天，我們都會鼓勵每一位同學在社群裡接龍，或者轉發到朋友圈立誓。這一段誓言我也摘取到這裡，有興趣你也可以改一改來使用：

冬季已至，
從今天開始加入師北宸二十一天寫作訓練營，至畢方休。
我將不耽於玩樂，不時刻刷朋友圈。
我將懸樑刺股，生死於斯。

我是喚醒黎明的鬧鐘，照亮午夜的檯燈，
守望作業的雙眼，追尋知識的靈魂。
我將生命與希望獻給寫作，日日如此，閉營為止。
二十一天，我將死磕自己的是：
二十一天，決不掉隊，把萬能寫作法貫徹到底。
我敢承諾，你敢嗎？

第五章

寫作：
打造個人品牌的武器

簡單易行，萬能寫作法

這是一本談論寫作方法、寫作技巧的書，其實任何方法的結構框架都非常簡單，可是要學好寫作並不容易。阻礙因素並不是方法太難，而是你常常會在學習和練習的過程中懷疑自己，然後漸漸迷失，甚至會懷疑自己的方法不可行或不可靠，殊不知，未能學成是因為你自己放棄了。我希望通過前四章的內容，幫助你建立對寫作的信心和信念，這是為什麼寫作的方法要放在最後講。如果只是直接拿著方法上路，你極有可能半途放棄。

◯ 經典寫作書的局限：難以上手，難以踐行

市面上能買到的教人如何寫作的書，我都買來讀過。書中的很多寫作建議，讀起來都非常有道理，初次接觸這些理論甚至讓人覺得震撼。

但這些寫作方法有一個共同問題：難以踐行。

《一九八四》和《動物莊園》的作者喬治·歐威爾曾在《政治與英語》一書中寫了他寫作的六條基本規則：

第一，絕不要使用在印刷物中經常看到的隱喻、明喻和其他修辭方法。

第二，如果一個字能說清，不要用兩個字。

第三，但凡一個字能刪掉，一定要刪掉。

第四，只要能用主動語態，絕不要用被動語態。

第五，能用常用詞的時候，不要用外來詞、科學術語和行話。

第六，絕不要用粗俗語言，為此可以打破上面任一規則。

歐威爾這六條基本規則，都是非常具有原則性的指導方法。可是，如何判斷「但凡一個字能刪掉，一定要刪掉」本身就是很複雜的問題，特別是在不同的語境裡。比如，當你需要引用一位識字不多的農民的口語化表達時，難免就有很多贅語。而這時候，不刪或許會更好。你保留對方的囉唆，是為了展現對方是一個什麼樣的人，而精練了的語言卻沒有這個效果。

粗俗的語言也有類似的問題。好萊塢導演馬丁·史柯西斯（Martin Scorsese）翻拍了《無間道》，整部電影出現了一百多次髒話，這卻並不影響它摘得二〇〇七年奧斯卡最佳導演獎和奧斯卡最佳影片獎。

這些原則看似很簡單，判斷在什麼情況下運用卻很困難。

實踐歐威爾的六條寫作基本規則，需要考慮幾個問題：

○ 它適用於文學性寫作，還是適用於非文學寫作，還是兩者都適用？

○ 它是放之四海而皆準的定律，還是參考性的寫作方法？

○ 它適合初學者、進階者，還是專業寫作者？

我們知道，所有的規則和定律都有其適用的條件和範圍，超出這個範圍，定律就不起作用。

如果逐一延展，你會發現，對於寫作者而言，需要不斷去「悟」，才有可能逐漸在自己的寫作過程中運用得上。傑出的作家，卻不一定是傑出的寫作老師，好的寫作者與好的寫作老師是兩碼事。

那麼，好的寫作老師是如何教寫作的？

威廉・金瑟（William Zinsser）出版過一本寫作方法書——《非虛構寫作指南》（*On Writing Well*），暢銷一百五十萬冊。

在《非虛構寫作指南》中，他講到很多原則性的寫作方法。我從書裡的寫作方法中，提煉了四句話。

○ 寫作是門手藝，而非藝術。

○ 專業作家會建立每天的寫作計畫並嚴格執行。

○ 如果讀者在閱讀中迷失了，通常是因為作者不夠小心。

○ 養成習慣：讀一讀今天人們正在寫什麼，過去那些大師又在寫什麼。

你能從這四句話中看出什麼？我認為，威廉．金瑟的這些寫作方法，是寫給「專業作者」的。我們可以嘗試對這四句話做一些簡要的分析。

寫作是門手藝，而非藝術。請你想一想，什麼樣的行當需要一門手藝？相聲表演者、歌手、演員、設計師、公關人員、營運人員、市場人員……這些人在一個行當裡錘煉多年，會練就出自己的手藝。

你可能聽說過「一萬小時定律」，「一萬小時定律」是麥爾坎．葛拉威爾（Malcolm Gladwell）提出的理論。在葛拉威爾看來，要成為某個領域的專家，需要一萬小時。按每天工作八個小時計算，一週工作五天，成為一個領域的專家差不多需要五年。

如果按照這個標準，立志要成為一個寫作方面的專家，那威廉．金瑟的書非常適合你。

如果你是專門給媒體寫稿的作者，或者是一名新媒體編輯，或者像我一樣需要籌備課程、寫書、寫專欄文章，那麼它非常適合作為一本寫作進階指南，幫助你精進寫作這門手藝。

但如果你是一位銷售人員、一位律師、一位醫生或者一位建築師，想學習寫作，拿到《非虛構寫作指南》之後，你在很大機率上會不知道如何下手。

在適用性上，威廉．金瑟的《非虛構寫作指南》依然存在和歐威爾的六條基本寫作規則一樣的問題：它到底適合什麼人？什麼寫作場景？

要回答這兩個問題並不容易。因為在寫作領域最具才華的人，往往非常感性，而考慮這幾個問題，需要有極強的理性和邏輯思考能力。這需要不斷試錯和驗證。

雖然寫小說也很艱苦，但不斷試錯和驗證，並不是作家們習慣的思維方式。

白居易寫完詩之後，會讀給文化程度不高的老太太聽，遇到老太太不懂的地方，他就修改，一直改到老太太能聽懂為止。這就是所謂的「老嫗能解」。

寫文章應該追求「老嫗能解」，而學習寫作的方法，更應是「老嫗能解」的。

很多人說自己數學不好，但是給你一道計算題，你還是會算的；有些人說自己語文很好，因為在考試中拿了高分，可是一踏入職場，寫不好郵件的卻大有人在……

如果寫作也有像演算法口訣一樣的工具，你是不是立刻就能上手，無論寫什麼東西，再也不害怕了？那麼，有沒有一種寫作方法像演算法口訣一樣，能讓我們拿著一張表格或者一個公式，就得出答案？

萬能寫作法寫作公式——人人都可上手學習

我篤信一句話：大道至簡。

在寫作上，也有一個簡單的法則。你只需要一個口訣或公式，就能完成一篇文章，而這個公式適用於你日常生活中的絕大部分寫作場景。

這個寫作法則，我稱之為「萬能寫作法」。

萬能寫作法的公式只有三個核心元素：

○觀點

○案例

○總結

我把一個具備這三個元素的段落組合稱為一個完整的寫作單元。一篇文章，就是若干個寫作單元的匯總。也就是說，我們可以用模組化方式撰寫一個一個的寫作單元，並像玩樂高積木一樣，把它們組合起來，形成一篇完整的文章。

總結並不是一個寫作單元必須具備的元素，有時候，只具備觀點和案例也可以成為一個寫作單元。然而總結，可以讓一個寫作單元更好地收尾。

以威廉·巴克禮（William Barclay）的《幸福》為例：

幸福的生活有三個不可缺的因素：一是有希望，二是有事做，三是能愛人。

有希望

亞歷山大大帝有一次大送禮物，表示他的慷慨。他給了甲一大筆錢，給了乙一個省份，給了丙一個高官職位，他的朋友聽到這件事後，對他說：「你要是一直這樣做下去，你自己會一貧如洗。」亞歷山大回答說：「我哪會一貧如洗，我為自己留下的是一份最偉大的禮物。我所留下的是我的希望。」

一個人要是只生活在回憶中，失去了希望，他的生命便已經開始終結。沉溺回憶不能鼓舞我們有力地生活下去，只能引導我們逃避，好像囚犯暫時逃離監獄。

有事做

一個英國老婦人，在她重病自知時日不多的時候，寫下了如下的詩句：

現在別憐憫我，永遠也不要憐憫我，

我將不再工作，永遠永遠不再工作。

很多人都有過失業或者沒事做的時候，會覺得日子過得很慢，生活十分空虛。有過這種經驗的人都會知道，有事做不是不幸，而是一種幸福。

能愛人

詩人白朗甯曾寫道：「他望了她一眼，她對他回眸一笑，生命突然甦醒。」生命中有了愛，我們就會變得煥發、謙卑、有生氣，新的希望油然而生，彷彿有千百件事等著我們去完成。有了愛，生命就有了春天，世界也變得萬紫千紅。

最完美的禱告應該是：「主啊，求你讓我有力量去幫助別人。」

這是一篇非常標準的萬能寫作法的範本。幸福生活有三個不可或缺的因素，文中對每一個因素的敘述，都是一個萬能寫作法的寫作單元，整篇文章就是三個寫作單元的組合。

以「有希望」這個寫作單元為例，我們拆解一下。

觀點：

幸福生活不可缺的因素之一：有希望

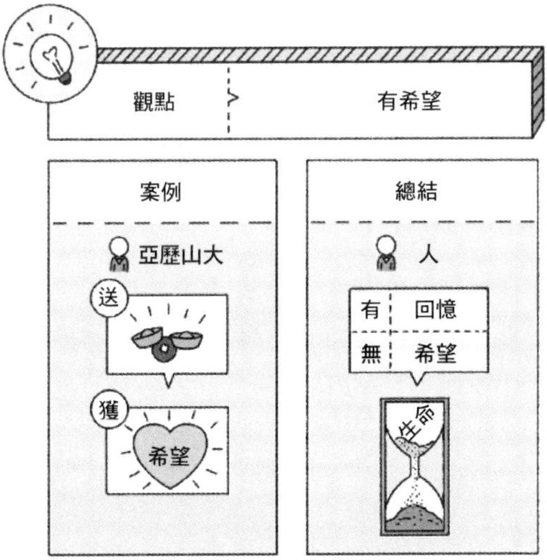

圖 5-1　萬能寫作法故事案例解析

案例：

亞歷山大大帝有一次大送禮物，表示他的慷慨。他給了甲一大筆錢，給了乙一個省份，給了丙一個高官職位，他的朋友聽到這件事後，對他說：「你要是一直這樣做下去，你自己會一貧如洗。」亞歷山大回答說：「我哪會一貧如洗，我為自己留下的是一份最偉大的禮物。我所留下的是我的希望。」

總結：

一個人要是只生活在回憶中，失去了希望，他的生命便已經開始終結。沉溺回憶不能鼓舞我們有力地生活下去，只能引導我們逃避，好像囚犯暫時逃離監獄。

這是一篇結構上非常工整的文章，通過拆解的方式，我們可以捕捉到作者的觀點，以及作者為了證明其觀點使用的案例。

萬能寫作法三要素

萬能寫作法三要素的第一個要素：觀點

可以是作者希望傳遞的一個具有價值導向的觀點，也可以是一個作者描述的事實。

比如，「我認為女性生完孩子不應該當全職主婦」。作者對類似的話題有強烈的看法，這是一個具有價值導向的觀點。

再如，「這個蘋果二百五十克重」。這不是作者的看法，而是在描述一個事實。

為什麼我在萬能寫作法裡用的是「觀點」，而不是「觀點與事實」或「觀點或事實」呢？如果我們進行更深層次的分析的話，任何一位作者在寫作過程中對素材的選擇本身就是一種主觀的表達。篩選事實時，選擇表達什麼、不表達什麼，是一種主動的行為，它反映了作者的取捨。

還有一些表達，一開始是觀點，之後變成事實。

比如科學上的很多學術觀點或假說。牛頓三大定律剛剛出現的時候，是一種觀點；當它被廣泛驗證之後，就成了一種客觀事實。達爾文的演化論則處於觀點與事實之間，它在邏輯上的推演嚴謹，可是卻無法被完全驗證，如果在科學上對它進行表述，對達爾文進化論更合適的描述是「假說」。

這裡我們不做過深的探討，無論是事實、假說，還是定律、原則，在我看來，通通都是「觀點」。作者有自己的敘述邏輯，即使是科學定律，作者可以提出認可意見，也可以提出反對意見。對定律的認可——即對公認事實的認可，依然是一種觀點。

萬能寫作法的第二個要素：案例

故事、資料、邏輯推理與論證的過程，都可以涵蓋到這個要素裡面去。

○故事型案例

下文是美國前總統歐巴馬在美國開學日發表的演講節選，題為《我們為什麼要上學》：

我知道，對你們中的許多人來說，今天是開學的第一天，你們中有一些剛剛進入幼稚園或升上初、高中，對你們來說，這是在新學校的第一天，因此，假如你們感到有些緊張，那也是很正常的。

我想也會有許多畢業班的學生正自信滿滿地準備最後一年的衝刺。不過，無論你有多大、在讀哪個年級，許多人都打心底裡希望現在還在放假，以及今天不用那麼早起床。

我可以理解這份心情。小時候，我們家在印尼住過幾年，而我媽媽沒錢送我去其他美國孩子上學的地方讀書，因此她決定自己給我上課——時間是每週一到週五的凌晨四點半。

顯然，我不怎麼喜歡那麼早就爬起來，很多時候，我就這麼在廚房的桌子前睡著了。每當我埋怨的時候，我媽總會用同一副表情看著我說：「小鬼，你以為教你我就很輕鬆？」

所以，我可以理解你們中的許多人對於開學還需要時間來調整和適應，但今天我站在這裡，是為了和你們談一些重要的事情。我要和你們談一談你們每個人的教育，以及在新的學年裡，你們應當做些什麼。

這篇演講稿的核心觀點，是歐巴馬在這一個模組之後才提到的——責任。

為了闡述責任，歐巴馬在演講的開頭用了什麼案例呢？從「我知道，對你們中的許多人來說，今天是開學的第一天」開始，一直到「但今天我站在這裡，是為了和你們談一些重要的事情。」他都在講故事。我們可以提取他講述自己小時候學習的故事：

小時候，我們家在印尼住過幾年，而我媽媽沒錢送我去其他美國孩子上學的地方讀書，因此她決定自己給我上課——時間是每週一到週五的淩晨四點半。

顯然，我不怎麼喜歡那麼早就爬起來，很多時候，我就這麼在廚房的桌子前睡著了。每當我埋怨的時候，我媽總會用同一副表情看著我說：「小鬼，你以為教你我就很輕鬆？」

在這個演講中，歐巴馬重點闡述了這個觀點：「作為學生，如果你不承擔起自己的責任，學校、老師、家長沒有任何一方可以幫到你。」

借助一個自己親身經歷的小故事，他就完成了對「學生應該承擔自己的責任」這一觀點的闡述。

這就是故事型案例的作用。

○ 數據型案例

還有一些案例的表達，則是通過資料或者邏輯推演論證的方式實現的。

比如，我曾經寫過一篇文章《每家企業都必須面對的難題：十倍變化出現時怎麼辦？》。

在這篇文章開頭，我是這麼寫的。

我有不少朋友做投資，當我問他們如何做投資時，好幾位給我的答案是一樣的：做投資最重要的是看行業，然後才是看公司。如果行業趨勢增長有限，那麼就別在這個領域浪費時間和資金。

前些天，NEA（恩頤投資）中國區執行董事給我看了他們做的一個對所有在美國首次公開募股的中國互聯網公司的統計和分析，分析結果表示：

從一九九九年到二〇一六年五月底，如果不考慮投資策略，每一支在美國或香港上市的中國互聯網公司的股票你都買進，投資回報能到六．二倍（平均週期七年）。

如果你非常有眼光，買到了表現最好的十家公司的股票，你的投資回報能有三八・九倍。

這幾段話的核心觀點是：做投資第一重要的是看行業，然後才是看公司。

這個寫作單元中，案例是：

【案例1】從一九九九年到二〇一六年五月底，如果不考慮投資策略，每一支在美國或香港上市的中國互聯網公司的股票你都買進，投資回報能有六・二倍（平均週期七年）。

【案例2】如果你非常有眼光，買到了表現最好的十家公司的股票，你的投資回報能有三八・九倍。

【案例1】是為了說明，只要看準了行業，投資回報率就非常高。

【案例2】是為了說明，在看準行業的前提下，如果你對公司有判斷力，你可以獲得更高的投資回報。

兩個案例都論證了開頭做投資的那些朋友的觀點：做投資第一重要的是看行業，然後才是看公司。這些為了證明觀點的表達方式，我們通通用「案例」來概括。有些案例是通過故事來闡述，有些案例是通過引用一段資料來闡述，還有一些案例是通過邏輯推理來闡述。

很多時候，我們對一件事情的觀點可能只有幾種，可是闡述觀點的方式卻千姿百態。好文章往往不是因為觀點多麼標新立異，而是因為闡述觀點的過程好看、精彩、有趣、有料。

如何寫好案例，是作者功底的體現。

萬能寫作法三要素的第三個要素：總結

文章要有一個好的結尾，以起到以下幾個作用：

○回顧文章主題，讓讀者明白你在表達什麼。

一般來說，一篇文章只有一個主題，如果你能用一句話概括整篇文章的核心意思，讀者讀完之後，能理解你想表達的意思，你的文章也就起到了傳遞你的觀念、理念的作用。

比如，在《每家企業都必須面對的難題：十倍變化出現時怎麼辦？》這篇文章的最後，我用了一句話結尾——當（企業）面臨巨大的變化的時候，要麼發達，要麼死亡。

○昇華主題。

歐巴馬在《我們為什麼要上學》這篇演講的最後，是這麼說的：

你們的家長、老師和我，每一個人都在盡最大的努力，確保你們都能得到應有的教育來回答這些問題。例如我正在努力為你們提供更安全的教室、更多的書籍、更先進的設施與電腦。但你們也要擔起自己的責任。

因此我要求你們在今年能夠認真起來，我要求你們盡心地去做自己著手的每一件事，我要求你們每一個人都有所成就。請不要讓我們失望——不要讓你的家人、你的國家和你自己失望。

你們要成為我們驕傲，我知道，你們一定可以做到。

因為是一篇演講稿，作為總統，他的責任就是號召和鼓舞大家行動起來，認真學習，讓自己有所成就。

總結的方式有很多，你可以隨手找幾篇網上的文章，或者其他的書，思考一下：在文章的結尾或者書的每一節的結尾，作者是如何進行總結的？

遵從本心，照料他人

為何而寫？——寫作目的

《原則：工作與生活》這本書在進入正文之前，瑞．達利歐就寫道：

○你想要什麼？
○事實是什麼？
○如何行動？

這讓我想起網上流傳的一個段子，進北大之前，保安會問的「人生哲學終極三問」：

○你是誰？
○你從哪裡來？
○你將到哪裡去？

其實瑞・達利歐的問題與北大保安的「人生哲學終極三問」說的是一回事兒。

「你想要什麼」，說的是「你將到哪裡去」；

「事實是什麼」，說的是「你是誰」和「你從哪裡來」；

「如何行動」，說的則是「你將到哪裡去」。

很少有人深入思考這個問題——你想要什麼？

大多數人思考的是：「我要不要去學電腦？我要不要去學設計？」、「我應該去網路公司還是房地產公司？」、「聽說網路金融（此處可以替換成任意風口詞彙：區塊鏈、人工智慧、無人駕駛等）很火，我要不要去從事網路金融？」

我們再來回顧一下這三句話：

○ 你想要什麼？

○ 事實是什麼？

○ 如何行動？

雖然瑞・達利歐並沒有在書上標記 1、2、3，可是，這三句話在邏輯上是遞進關係。

你得先知道自己想要什麼，即你做事情的目標和目的。然後再看看，你手裡都有些什麼，以及外部情況是什麼。基於前面這兩點，你才能制定你的行動計畫。

當你產生「我要不要學電腦？」的困惑時，你需要追問自己一個問題：學電腦是為了什麼？因為電腦行業很火，學完好找工作，還是因為你很喜歡，一碰到電腦就開心，想寫程式碼、開發程式，抑或是覺得自己不喜歡和別人打交道，學電腦則大部分時候只需要和電腦打交道就可以了。甚至，你也不知道自己為什麼要去學，只是因為周圍的人都在學，他們說學電腦挺好的，所以你也想去學一下……

在寫作這件事情上也一樣。請問，你寫作是為了什麼？

我們不僅要反覆問自己，寫作是為了什麼，還要在寫每一篇文章之前問自己：「我寫這篇文章，希望達到什麼目的？」

你可能從沒追問過自己這個問題，甚至會說：「我就是想寫啊！為什麼要問那麼多？」

很多人每天很努力，很勤奮，做了很多事情，卻不知道自己為什麼做這件事。

很多文章，乍一看，其目的是不言而喻的。比如，求職信的目的是獲得面試機會；寫提案，是為了得標，拿下客戶和訂單……

我收到過一條這樣的端午節祝福訊息：

端午節快樂！記得小時候過端午節前一天，都要住在奶奶家，端午當天，早晨起床要用爺爺帶回來的艾草泡水洗臉，再把一綹艾草掛在大門上，然後會吃奶奶做的涼糕，一個大案板，一層江米，一層黃米，中間夾著紅棗，奶奶還會切成若干份裝在碗裡，送給周邊的鄰居，鄰居也送出他們做的，時光荏苒，珍惜身邊人，感恩身邊人，熱愛生活！

看到這條訊息的時候，你是什麼感受？微信上一個小紅點，點開發現跟我沒關係，然後退出。

像這樣的訊息就偏離了它本來的目的——你以為你在祝福別人，其實你騷擾了不相關的人。

再比如求職信。

我認為求職信是你求職過程諸多環節中的一個（其他求職環節包括寫簡歷，找朋友幫忙推薦，給應聘公司寫自己的想法和建議，當然也包括筆試與面試環節），如果你把每一個環節拆解開，你會對寫一封求職信的目的有新的理解。

一般而言，求職信會作為簡歷的補充，被一起發到公司HR（人力資源管理人員）的郵箱。

如果簡歷沒有優勢怎麼辦？那就寫一封求職信。

求職信的目的有兩個，一是找到工作，二是給招聘的人提供更多資訊，讓對方更充分地瞭解自己，從而給自己一個面試機會。

第二個目的顯然更加現實，更能突出重點，實際上也更容易下筆。

我在前面講過一個案例，羅永浩早年去新東方求職時試講了兩次，兩次都失敗了。後來他給俞敏洪寫了一封六七千字的求職信，詳細闡述為什麼自己適合當一名老師。後來俞敏洪給了他第三次試講機會。他把握住這一次機會，進入新東方，成為新東方名師。

寫給誰看？——讀者思維

很多人在剛開始寫作時的想法是：「我想寫什麼就寫什麼啊，為什麼要去管別人愛不愛看，我自己開心就好！」

有一位把寫作當作禪修的作家娜塔莉・高柏（Natalie Goldberg），她在《療癒寫作：啟動靈性的書寫祕密》（*The True Secret of Writing: Connecting Life with Language*）中寫道，她曾嘗試坐下來呼吸，讓自己的意念集中在兩鼻翼之間，但她發現這對自己完全不管用；後來嘗試寫作，竟然也無法阻止大量的妄念在頭腦中湧現。自己愈抵抗，妄念愈強大。最後，她發現了一個新思路：不要去抵抗它，而要抽離出來，靜靜去體會它、觀察它。

如果你不帶成見，不批判、不抵抗，如實呈現、接納內心的想法，就像鏡子一樣去反射它，這些妄念會奇蹟般地消失。

如果你覺得自己很有壓力，就在紙上寫：「我壓力很大。」你可能不知道第二句怎麼接了，那也無所謂，你只要想到什麼就寫什麼。

娜塔莉說，這就是一種不反抗，不挑剔，全然接受，「我手寫我心」的狀態。這種寫作不是有意識、有目的、有意圖地去表達什麼，而是將心裡此時此刻的感受巨細無遺地展現出來。

所以她給別人提供的寫作建議，反而是這樣的：

○ 允許自己寫出全世界最爛的文字。

○ 不要控制。

允許自己寫出全世界最爛的文字

很多人有「寫作恐懼症」，覺得自己筆下的文字面目可憎，別說讓別人看了，自己看見都很不舒服，羞愧難當。這是一種不接受自己的狀態，你一旦不接受自己，就很可能陷入焦慮。事實上，我們身上似乎有一個「內在父母」，不停在挑剔自己、指責自己，讓我們持續地處於一種羞愧、退縮、焦躁的狀態。

你可以寫無聊的事情，抱怨、暴力、生氣、執著，具有破壞性的、惡毒的、丟臉的、害羞的、脆弱的思緒，直面它們，並和它們交朋友。接受你的自我。我們與自我相處的時間太短了，給予自我的欣賞、包容和鼓勵太少了，以至於這個自我一旦出現在面前，你就會焦躁不安。所以，我想重申一點，焦慮在很大程度上是因為我們不能夠直面自己、正視自己、接受自己。因此，接受自我，允許展現自己，把這些寫下來，並接受它，哪怕那是全世界最爛的文字。

不要控制

不要強迫自己非得寫成什麼樣，說你想說的話，而不是你認為自己應該說的話。在這樣寫作的過程中，你和自己的心智建立了某種連接，無論面對的是什麼，你都學會了包容，而這種包容就是放下，「放下」就是我們能到達的最終境界。

這兩個字說起來很容易，但做起來不易，像莊子說的「至人之用心若鏡，不將不迎」，如實地映照自己眼前的一切而不做任何評判，不讓任何雜亂的影像駐留在自己心裡，何其不易。

當我們的心進入這樣一種狀態的時候，我們就悄悄完成了一件事情：讓焦慮消失。

著名的心理學家卡爾・榮格說過一句話：你反抗的東西不僅會持續存在，而且會變得愈來愈強大。當我們愈是有意識地抵抗焦慮的時候，得到的將會是愈大的焦慮。

娜塔莉・高柏告訴我們：寫作的首要目的是讓你面對自己，滿足自己，而這時候的讀者也是你自己。

當有他人作為讀者的時候，你則需要思考更多的問題。比如他們是什麼樣的人，他們是否會滿足你提出的需求；你的觀點和行文方式，是否會引起別人的反感，是否很容易引發共鳴和認同；你是否用了太多的專業術語，或者太囉唆，讓對方失去了耐心。在這時候，你必須設身處地去思考，當讀者讀到你寫的東西的時候會產生什麼反應。

如果再深入一點，你可能得琢磨，讀者掌握了多少訊息、缺少什麼訊息、最需要什麼訊息；你希望讀者讀完你的文章給予你什麼回饋；你是要讓他知悉一些東西，還是希望他採取行動，抑或是希望獲得他的支持。你的寫作是為了激怒對方，還是為了安慰對方……

這時候，你的文章要做到「照料他人」。

寫作，就是一場對話之旅，與自己對話，與他人對話。

開始寫作前，問問自己，是否發自內心認可與擁抱每一句話；發出去之前，再問問自己，這篇文章的每一句話，是否都與自己的目的相關，是否每一句話都是讀者想看的。

不斷追問，不斷改進，你一定能寫出好文章。

重要的事情再說一遍

針對邏輯性寫作或說理性寫作，你只需要掌握下面這兩條基礎性原則。

首先，寫作方法只有一個：萬能寫作法。你可以用萬能寫作法寫非文學的所有類型的文章。在寫作訓練營，我已經用這個方法試驗了一年多，事實證明，絕大部分學員都可以立即上手。

其次，寫作要素只有兩個。我分別從兩個維度對這兩個寫作要素做了闡述：

〇寫作目的，讀者思維。想清楚這兩個問題，你就更明確知道自己要寫什麼。

〇遵從本心，照料他人。

這兩條基礎性寫作原則，貫穿寫作全過程。

別給自己找藉口

寫作技能是通過訓練習得的，僅僅是欣賞與品味，你依然只是一個局外人和旁觀者的角色，而不是一個寫作者的角色。要想成為真正的寫作者，必須每天傾注時間，刻意練習。

在寫作過程中，我們依然會面臨諸多困惑。

究竟什麼樣的人可以寫作？

我高考語文不及格，中學的時候作文經常在及格邊緣，小時候也不愛讀書，高中的時候周圍的同學都愛讀金庸，而我只愛看金庸的電視劇。我曾經很努力地讓自己讀完了《笑傲江湖》，但讀完就不記得了。要不是有電視劇，人物和情節都忘掉了。四大名著中因為喜歡看《三國演義》的電視劇，之後也算勉強讀完了《三國演義》。

高中時，我最喜歡讀韓寒和鄭淵潔的書。鄭淵潔那時候創作了很多長篇小說，也被稱為「成人童話」，風格更加現實、荒誕及暗黑，《金拇指》、《智齒》、《病菌集中營》、《白客》、《生化保姆》等都屬於此類，這些長篇小說最早在《童話大王》連載，我每個月都很期待《童話大王》的上市，剛一上市同學就去買，等同學讀完，我就趕緊去借，一兩節課的時間一口氣全部讀完。為此，我爸爸還經常笑話我，都這麼大了還在看童話。

大學我學的是電子商務，學位是工科學士。直到大三下學期接觸網路之後，我開始比較系統地閱讀和翻譯，並很快成為專欄作家，這才發現原來寫作其實並不難，更不玄，每個人都能寫作。關鍵是你對寫作的目標和期待是什麼。就好像每個人都會跑步，但跑一公里，和跑馬拉松之間，是有巨大區別的。

在我看來，寫作包含了三個層面的價值：精神、情感與功能（圖5－2）。

首先是功能價值。我們在日常工作和生活中需要寫報告、與同事書面溝通、給客戶寫方案、寫復盤和總結或者分享自己在某個領域的收穫和心得，這一類寫作場景十分常見，其實是體現寫作的功能性。最頻繁、最基礎、最實用，但是最稀缺。這是寫作最基礎的價值和最顯性價值。

第二層價值我認為是情感價值。可能很多人不知道寫作是

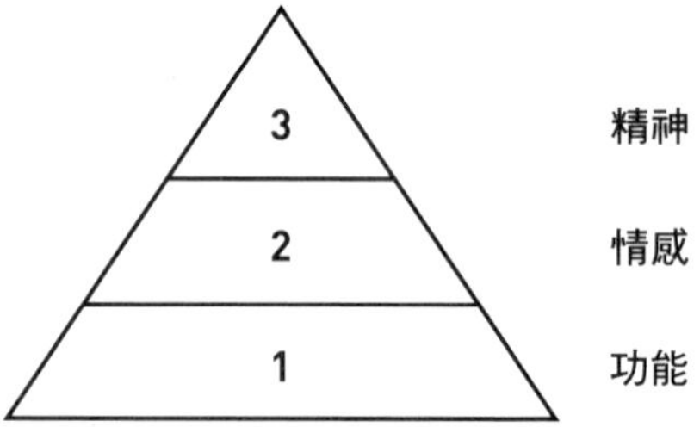

圖 5-2　寫作的價值三層面

一種非常好的療癒方式。如果你有非常多的想法，渴望被別人接納，但是身邊並沒有一個能很好地傾聽你，給予你支持的人，那麼寫作是一種非常好的傾訴與表達方式。甚至對於有過重大創傷經歷的人而言，通過文字去講述創傷經歷的細節，往往能有非常好的療癒效果。

我們可以時不時通過寫作清空記憶體，降低內耗。這一類型的寫作，更像是正念類的活動，比如冥想、瑜伽等。正念是人高度覺知和專注時的一種個人體驗。一些學員連續參加多期寫作訓練營，也有這方面的原因：這裡有一個更具安全感的環境，友好、正向、鼓勵、支持，有不評判的氛圍，有很多的「允許」。在這個環境裡待久了，大家普遍覺得更有勇氣、更自信，更敢於突破自我、勇於表達以前所不敢表達的事情。在這個過程中，焦慮和壓力得到緩解，並獲得更多的專注和愉悅。

而這個層面的寫作，與功能性寫作和藝術性寫作無關；與寫作技巧無關，每個人都可以學習，而且適合每個人去學。只要有一支筆、一張紙，就可以寫。

寫作的第三個層面，我稱之為精神寫作，也就是藝術性和文學性寫作。當大部分人來問「我底子不好，能不能學習寫作」時，潛台詞是：「我能不能從事（文學）寫作？」

每當被這樣問起時，雖然我不寫小說、詩歌等文學類作品，但我總是會說：「你是否喜歡？喜歡就去寫吧。」然而還有更重要的下一句：「你願意為此付出多少時間和努力？」一時熱情是非常容易的，但想要在這一方面有所成就，就得花時間不斷付出努力。

寫作這件事情，任何時候開始都不晚，尤其當你有一定的生活閱歷和經歷後去寫作，反而能寫得更好。要想寫出好文章必須有積累，而生活閱歷就是最好的積累。

在我的理解裡，好的文章是需要真情實感的，很多時候直白的表達反而顯得質樸而純粹。魯迅談如何寫作，無非就四點：「有真意，去粉飾，少做作，勿賣弄」。其中第一個要點，就是「有真意」。其實仔細讀後面三個要點，「去粉飾，少做作，勿賣弄」，無非是對「有真意」這一個要點的延展。

無法進入寫作狀態怎麼辦？

從二〇一五年年底到二〇一七年年初，我工作特別忙，每天不是奔波在見客戶的路上，就是在給客戶策劃方案。好不容易有一些時間想坐下來寫點東西時，卻發現很難寫出來。日常讀書的時間少了，而且習慣了每天通過口頭溝通大量輸出，一坐下來就覺得寫作好慢啊，一個字一個字地寫，比腦子和嘴巴都慢太多了。

後來，我看到巴爾扎克對寫作的看法，他說：「對作家（包括小說家）來說，最基本和必需的就是要耐得住一次只能寫一個詞的枯燥，那是當任何作家的首要條件。」

日本導演黑澤明也說過類似的話：「最基本的，是要有一次寫一個詞的耐心，直至達到所需的長度。太多人缺乏這種耐心了。一旦你習慣了，寫起來就會毫無困難。寫劇本，你只需要紙和鉛筆。……乏味的寫作工作，必須成為你的第二天性。如果你坐下來靜靜地寫一天，至少能寫兩三頁，即使這挺費勁。如果能堅持下去，最終就能寫出上百頁。我想，今天的年輕人不知道這個竅門。他們一開始就想立即寫完。」

我們講話要比寫快多了，寫作需要用低速擋緩慢前行，耐心推進，如果你發現自己很難進入寫作狀態，很可能就是太急躁、太貪求速度而無法忍受寫作之慢。很多人太希望寫出預想中完美的文章，太希望坐下來一個小時就能寫上兩千字，且文章邏輯嚴密、案例精彩、觀點突出。在這種心態的干擾下，愈寫愈耐不住性子，愈寫愈覺得不滿意。

我在最開始寫作的時候，每天必須有二至三小時不受打擾的整段時間，不能有聲音，也不能有電話，否則我的寫作會被打斷，甚至終止，這時候我的思考也會被打斷，進行不下去。

二〇一四年，我在一家新創公司工作，常常是早上十點上班，晚上十二點下班。到了周日得補半天覺，然後利用下午的時間要求自己必須再寫一篇專欄。當時我住的地方離公司很遠，工作很忙，甚至周日的時間也不完全可控，為了讓自己每週都能寫出一篇文章，我鍛煉了在公車上寫、在計程車上寫、出差時在飛機上寫甚至在路邊的椅子上寫的能力。

我認為這樣嚴苛且緊張的工作環境，對我來說其實是一個特別好的檢驗。一方面，它檢驗出了我對寫作是真愛，無論再忙再累，我都會願意為這件事情付出時間。如果不做，我就覺得缺少了一些東西。另一方面，它還檢驗出人在極端環境下的可能性。你遠比你想像的更有能量，你遠比你想像的更有潛力，人在惡劣情況下所激發出的潛能是你自己所想像不到的。有一次，我在幫客戶盯一場活動，活動剛剛結束，我就跑到馬路邊的長凳上去寫稿、改稿，直到和客戶確認完再離開。在不同的工作環境下，我訓練出了更有適應性的寫作技能。

當時我寫一篇專欄文章需要提前構思好幾天，在這幾天會搜集素材，零零散散記錄自己的靈感和寫作要點。比如，有一次，我在公車上的大半個小時，完成將近一千字，回到家後又用了大概一個小時，把文章寫完。所以在這種情況下，我基本上已經有了清晰的思路和準備妥當的素材，寫作也變得相對輕鬆。

但也是這樣的習慣，成為我在後來一年常常「難產」的原因——如果日常沒有積累素材，提筆寫就很難。而現在我又開始突破這個習慣：如果沒有提前打好腹稿，那就想到什麼寫什麼。總之，先寫下來。這樣寫的好處是，不給自己藉口和理由，立即動筆，不拖延。

在這個過程中，我的讀書習慣也發生了微妙的變化。比如從二〇一七年起，我重新開始閱讀紙本書。我曾經是狂熱的電子產品迷，十年前就寫了很多文章大力鼓吹「電子閱讀是大趨勢」、「大家都要多讀電子書拋棄紙本書吧」，現在想來當時的自己真的很蠢。電子閱讀的大趨勢和每一個個體的選擇是兩回事，我以為自己看到了趨勢，卻忽略了每個獨立個體的選擇和偏好。即使在數位攝影已經成為絕大多數電影導演的選擇時，依然有昆汀·塔倫提諾（Quentin Jerome Tarantino）和克里斯多夫·諾蘭（Christopher Edward Nolan）這樣優秀的導演，依然選擇底片拍攝。

我開始轉變思維，不使用電子閱讀器讀書的主要原因是：它無法讓我自由地在讀書時寫寫畫畫。我在二〇一八年花了一萬多元買了一台 iPad Pro 並配了 Apple Pencil，Apple Pencil 相當於筆，iPad Pro 相當於紙。說來可笑，蘋果公司不斷提升用戶體驗，只是為了模擬人們在幾千年前就擁有的體驗：用一根小樹杈在泥土地寫寫畫畫的感覺。現在除了正式的寫作——比如寫這本書，我絕大部分寫的行為也交回給紙和筆。每天見了誰，見完之後寫下一到兩頁紙；每天起床或睡覺前，花二十分鐘寫一寫；當筆碰觸到紙的一剎那，你一定能寫出點什麼東西來。那些模糊的、呼之欲出的、似是而非的、就差捅一下窗戶紙你就可以理解和想清楚了的時刻，是最需要借助紙和筆幫助你釐清思考的時候。

華盛頓大學的一項研究表明，手寫作文的學生更容易寫出完整的的句子，閱讀速度也更快。《子彈思考整理術》（*THE BULLET JOURNAL METHOD: Track the Past, Order the Present, Design the Future*）的作者瑞德・卡洛（Ryder Carroll）認為，相較於打字，手寫同時啟動了大腦中的多個區域，動手寫字所帶來的觸覺訓練能更有效地刺激大腦。

菲利普・科特勒（Philip Kotler）被譽為「現代行銷學之父」，他撰寫的《行銷管理》是許多高校市場行銷專業學生的必讀教材。我的一位朋友王賽是科特勒諮詢中國區合夥人，他去美國拜訪菲利普・科特勒先生時，發現現年（二〇一九年）八十八歲的菲利普・科特勒依然每天都帶著紙和筆，但凡有洞見閃現，立即記下，到了晚上再整理到電腦裡。在閱讀的過程中，如果發現報刊裡有啟發性的內容，他也會立即剪裁收好，放入資料庫。

把寫作的預期降低，把寫作的速度放慢。如果把寫作當作稀鬆平常的事情，就像列一個旅遊清單、購物清單一樣，你一定馬上就能進入寫作狀態。

給寫作來一點儀式感

一個對你有心理暗示的寫作環境和寫作前的一個儀式，能幫助你更快進入寫作狀態。安替曾經說過，每次寫專欄文章之前，他一定要自己手沖一杯黑咖啡，聞著咖啡的味道開始寫作。蔡志忠的習慣是每天下午五點半同事們下班後，他就去睡覺，淩晨一點起來，然後沖上一杯咖啡，點一根菸，望著滿天星空開始思考。半小時後，他開始進入自己的工作狀態。

創業後，我要花很多時間研發和打磨課程，臨近交稿時間總是倍感壓力，十分焦慮。我的做法是早上起來先出去溜達一圈，在便利店買上一瓶牛奶兩片麵包，在這個過程中醞釀自己當天要做的事情，以及當天重點要寫的內容。出去溜達一圈回來，很多思路就在頭腦中湧現。

寫作的過程中有時候會沒有靈感。靈感對寫作而言很重要，但是我們不能太執著於它。有時候愈是期待，它反而愈會溜走。對待靈感最好的方式就是不要強求。很多作家在分享自己的寫作經驗時，都會提到一個習慣，就是隨時記錄，哪怕是半夜從夢中醒來。

羅永浩曾說，他在思考產品設計的過程中，經常會在洗澡的時候迸發出很多的靈感，可是一旦錯過，事後就會完全想不起來。於是他想了一個辦法：在自己的浴室安裝一個錄音筆，當他有靈感的時候就錄下來，洗完澡再整理。這樣他可以隨時把自己的靈感捕捉下來。靈感可能在任何時候出現，你要做的不是坐在那兒乾等著，而是有一顆隨時捕捉它的心，準備好隨時捕捉它的工具。

很多人在剛開始寫作的時候，對寫作環境會有一些要求。在我的個人體驗中，其實調整好寫作狀態是最難的，當你有了好的寫作狀態，如何寫反而是更容易的一件事。

這和個人成長非常類似。史丹佛大學行為設計實驗室創辦者B. J. 福格認為，要讓一個人發生持續的改變只有兩種方式：一是從「小」起步，二是改變環境。

有時候給寫作的學員答疑時，我會「騙」他們說：「寫作很容易的，你坐下來寫五分鐘就可以。」有人去試了一下之後在群裡告訴我：「老師，我真按照你說的去做，結果寫了兩個小時！」

在寫書期間，我同時給自己定了一個跑步的目標：每天五千公尺，在跑了一個月之後，我給自己的目標增加到每天十公里。剛開始跑十公里的時候，我心裡犯怵：「媽呀，今天跑量加倍，時長也得加倍，壓力好大。」但接下來我就跟自己說：「別想那麼多，先換上衣服鞋子，下去再說。」

以前常常會覺得壓力特別大，因為一坐下來就在想，今天要完成五千字，完成寫作任務後，還有兩項、三項任務在等著我……而現在我會告訴自己，先坐下來，忘記時間，忘記字數，寫多少算多少。通過這樣的方式，我反而能更快專注於當下，很多壓力也都煙消雲散了。從「小」起步，你只需要關注當前那個最小的動作、最小的目標，接下來一切都好辦了。

當我需要專注工作，比如寫作、讀書的時候，我會把手錶摘掉——手錶會暗示我需要看時間，而且每過一段時間它會提醒我需要走動一下，以免久坐。我在找房子的時候，要求必須有一面大落地窗，然後訂制了一張桌子對著落地窗。白天如果是通過自然光而不是燈光來照明，感覺會非常好。我會把桌子清理乾淨，留下筆、筆記本和一杯茶。這樣的環境就很容易讓人進入專注的狀態。我們辦公室的樓下有一個花園，花園中有一些木桌木椅。完成和同事必要的溝通後，我會一個人到樓下花園去籌備自己的課程，置身於花園之中，對於課程的很多想法也會自然湧現出來。

二〇〇七年冬，J. K. 羅琳準備完成「哈利．波特」系列的最後一部作品，但是她卻陷入了創作瓶頸。因為前六本書的成功，粉絲們對結局抱有很大的期望，所以她面臨很大的壓力。她花大價錢包下了愛丁堡市中心的五星級酒店套房，一想到酒店房費每天高達兩千美元，她不得不集中精力，逼自己在六個月內完成了這部作品。

寫作訓練營的很多學員是報名參加過許多期的，因為他們覺得這裡提供了一個超出日常環境的體驗。當他們在日常生活中感受到壓力、焦慮、不被接納、信心被打壓的時候，就很想繼續回來；當他們回到日常生活中又開始鬆懈的時候，也會懷念訓練營的環境。在這個環境中被認真的氛圍、助教的點評、班長的關照影響，行為就很容易發生改變。

一千字的輸出要有十萬字的輸入

寫作很容易，寫好非常難。若沒有大量的輸入做基礎，很難寫出好文章。這就像如果沒有陽光、水分和肥料，就很難結出好的果實。

《黑天鵝效應》（*The Black Swan: The Impact of the Highly Improbable*）的作者塔雷伯（Nassim Nicholas Taleb）公布了他的選書原則：他會先看一下一本書出版了多少年。他通過時間的尺度去判斷一本書是否經典，是否值得閱讀，那些離我們較遠的書，往往經過時間的沉澱和挑選，更有價值。

除了選經典書以外，還要盡可能精讀，甚至反覆讀。楊坤龍是一位非常年輕而有熱情的創業者，他說他把《影響力》精讀和拆解過十遍，他的課程產品在產品和行銷上對受眾心理的把握，大多是精讀和拆解《影響力》的結果。

根據戴爾．卡內基所寫的《林肯傳》記載，林肯一直到青少年時期都只有五本書可以讀，分別是《聖經》、《伊索寓言》、《魯濱遜漂流記》、《天路歷程》、《水手辛巴達》。他把《聖經》和《伊索寓言》放在觸手可及的地方，以便能時時閱讀。而這兩本書對他後來的為人處世和談話策略，以及雄辯風格產生了深刻的影響。曾經對資訊極為貪婪的我在讀到這個片段的時候，產生了極強的震撼。其實我們並不需要讀那麼多書，如果能把我們可以讀到的經典的書，都像楊坤龍和林肯一樣精讀，並在自己生活和工作中加以靈活運用，一定能做出一番成績。

除了學會精讀，還要學會「精聽」。

卡爾．羅傑斯說：「一個人就是一個世界。」我對此深有體會。在創業後，我結交了一些朋友，他們常常會和我分享很多祕密和人生感悟。有時候去見朋友，甚至剛一坐下來，對方就會滔滔不絕開始講他最近的感受、思考和心得。我自己都覺得很詫異：為什麼對方願意和我講這麼多？

後來我發現，很多時候，我不僅是聽，還會不斷提問，問細節、問對方的感受、問對方是怎麼做的，這就更加激發了對方的講話欲。當我開始做訓練營之後，我發現一旦把人們講話的欲望——在線上那就是寫作欲——激發出來，他們能滔滔不絕說很多、寫很多。

當這種事情做多了之後，我把這項能力再往前推了一步：我能把別人的精神世界「窺探」個底朝天。就像來到一個你很喜歡的新地方，很想把這個地方裡裡外外都探索一遍。這種方式對我而言每次都能產生新的體驗。在這個過程中，我會做記錄並和別人分享，之後才會「回到自己」。

後來通過閱讀各類心理學，尤其是與心理創傷有關的書籍之後，我瞭解到，如果去傾聽PTSD（創傷後壓力症候群，Post-traumatic stress disorder）[1]患者的經歷，也有可能產生類似PTSD的症狀。簡單來說就是，如果你積極傾聽別人的經歷，你也會被這種經歷感染。所謂的積極傾聽，就是接納的、共情的、給予積極回饋的聆聽。

有一天，一位朋友和我談到他對未來的規劃，他希望能有一技之長，這樣他就可以辭職，成為一名自由職業者或諮詢師。他的想法讓我想到阿榮，他們都覺得如果成為一名專家，就可以不依賴某個公司或平台，通過自己的力量獲得收入和尊重。

聽完他對自己的規劃之後，我問他：「你準備好了接下來六個月的生活費嗎？」在沒有任何收入的情況下，全部押注在一個技能點上（比如寫作、演講以及不斷總結自己所在領域優勢），是有一定壓力的。他陷入沉思。然後，他說，他和妻子陷入一段死關係，他最近剛買了房，錢都放在了房子裡，每個月都有貸款要還。我問他，那為什麼不離婚呢？他說：「如果離婚，孩子就跟了她，我最在意的就是孩子。否則，我早就從這段關係中出來了。」

1 創傷後壓力症候群是指個體經歷、目睹或遭遇一個或多個涉及自身或他人的實際死亡，或受到死亡的威脅，或嚴重的受傷，或軀體完整性受到威脅後，所導致的個體延遲出現和持續存在的精神障礙。

他對此也非常無奈……他平靜地敘述這些，沒有抱怨，沒有怨恨，只是平靜地向我敘述。講完這些之後，他說了一句話：「這是我自己的選擇，我不怪任何人。」

雖然我們只見過幾次面，但當我聽到這句話的時候，我強烈地感受到，這個人很有擔當，令人敬佩。我敬佩他在命運的旋渦中平靜應對的態度，沒有戾氣、沒有抱怨。我見過太多生活中碰到一點點衝突和麻煩，就喋喋不休抱怨另一半、抱怨同事、抱怨老闆的人，有時候聽到一些人抱怨的時候我心裡就想：這是你的選擇。

經緯中國[2]的創辦人張穎在混沌大學（網路學習交流平台）分享過一個故事。有一次他去參加陌陌的董事會會議（經緯是陌陌的投資方之一），參會的還有紅杉資本的沈南鵬與阿里巴巴的曾鳴，這樣的董事會成員配置就像美國NBA的全明星陣容或漫威宇宙的「復仇者聯盟」，國內最好的投資方以及該投資方的「一把手」都是陌陌董事會成員。當時陌陌的成長碰到瓶頸，業績表現不好，可是這次參會的所有人都沒有多問唐岩（陌陌創辦人）一個問題，也沒有人逼迫他拿出一個完美的解決方案。會後，張穎說：「唉，我就把自己交給他了。反正我們投陌陌已經賺了，剩下的只是賺多賺少的問題。充分信任他、和他站在一起就行了。」

當張穎講述這個故事的時候，我產生了強烈的共鳴。那一刻，我覺得我能理解他為什麼那麼做。

張穎這麼做是有很大風險的。他的風險是，不僅投入了資本，還投入了情感。這很不像傳統意義上人們認為的投資家的樣子，而事實上張穎在他們投資之後，對被投公司的服務設計中，有非常多對被投公司創辦人情感上的設計，而不僅僅是理性層面的設計。

我讀過很多關於如何傾聽的書，這些書不僅會告訴你如何傾聽對方的訊息，也會告訴你如何去觀察對方的肢體動作，可是如果你打開自己的心扉去傾聽對方的內心，你能得到完全不一樣的感受和體驗，你除了經歷過一個人的世界以外，還體驗到了對方的精神世界。試想，別人把對自己影響最大的書、經歷和人通通分享給你，有比這更精彩的學習方式嗎？

我現在優先選擇的書，大部分來自和別人交流時所提及的。我把我的讀書收穫再和朋友交流，通過共同的閱讀，我們互相之間能有更深入的理解。經過多次這樣的交流之後，我明顯感覺到自己對事物細微變化的觀察能力提升了。節奏、情緒、細節以及對一個人、一件事更加系統而立體的看法，在這個過程中也逐漸建立。

當你處理日常事務、與人打交道、放鬆休息與娛樂時能體驗與感受到事物的細節、變化與不同，這一切都能變成你的寫作素材。如果你擔心寫作時沒有素材，可以問自己幾個問題：你對自己每天說的話、做的事情是否有足夠的覺知？你是否嘗試深入去瞭解自己？你是

2 經緯創投創立於一九七七年，總部位於美國波士頓，是美國歷史最悠久的創業投資基金之一，專注於對早期創業型企業的投資，在美國與紅杉投資、KPCB齊名。自成立以來，經緯創投扶植了大量的成功企業，其中包括蘋果電腦、聯邦快遞、SanDisk等。

否嘗試深入瞭解你身邊的每一個人？你是否足夠珍視那些一閃而過的靈感？你是否有足夠開放的心態，去聽、去讀、去觀察？

害怕被人批評、擔心被退稿怎麼辦？

很多人剛開始寫作的時候，特別害怕被退稿或文章被別人批評。這是人之常情。如果你去瞭解一下就會發現，很多作家也不乏被退稿的經歷。

有一本很有意思的書叫《堆積如山的差評和拒絕》，裡面記錄了大量作家被退稿、被拒絕的經歷，比如T. S. 艾略特，維吉尼亞．吳爾芙等。J. K. 羅琳在《哈利波特》第一部出版之前，曾被十二家出版社拒絕。而大名鼎鼎的傑克．倫敦曾經在一年裡收到過二百六十六封退稿信。

喬治．阿克洛夫（George Arthur Akerlof）是著名經濟學家，他和約瑟夫．史迪格里茲（Joseph Eugene Stiglitz）、麥可．史彭斯（Andrew Michael Spence）一起提出過資訊不對稱理論，還因此在二〇〇一年獲得諾貝爾經濟學獎。然而，他的獲獎論文卻曾經被拒稿過三次。

我的寫稿經歷中，被退稿最多的是紐約時報中文網。紐約時報中文網對稿件的要求非常高，如果你想把一個複雜的理念闡述清楚，不能只講道理和理論，編輯會要求你開頭必須講一個故事，通過這個故事逐漸引出你想講述的道理和理念。此外，如果你引述了一個資料、研究或者案例，必須明確出處和來源，編輯會對你引述的資料逐一地核查，以確保資料引述嚴謹、準確且未被曲解。每次我寫稿不夠嚴謹的時候，總會被編輯抓到，然後打回來重新修改，直到符合他們的要求為止。一次我去聽慕容雪村關於如何寫作的講座，他談到給他印象最深的媒體也是紐約時報中文網，因為紐約時報中文網的高標準，他不得不更加認真地對待自己的稿件。

比紐約時報中文網更誇張的是《紐約客》，有一次《紐約客》為了報導胡舒立採訪過傳媒學者錢鋼。接受採訪一個月之後，他很意外地接到《紐約客》事實核查員的電話，對方用了約半小時，與他逐條核對記者稿件中內容是否屬實或意思是否偏差，文章中的每一個細節都不放過。

如果被拒絕、被退稿，那不妨把它當作一個讓自己更加努力、追求更高標準的手段。慕容雪村在那一次講座中提到，雖然給的稿費不高，投入的時間又非常多，但是替紐約時報中文網的撰稿經歷，為他自己帶來的收穫是最大的。

絕大部分寫作擔憂都是自我限制

最近，我開始嘗試不吃晚飯，但是晚上我依然有跑步的習慣。有幾次，在出門跑步之前我就在擔憂：「沒吃晚飯，要是一會兒跑步我低血糖怎麼辦？」於是，我會在出門之前吃一片麵包，或者喝一罐果汁，給自己補充一些碳水。

後來有一天，我和一位跑步教練交流平時應該如何吃，他建議我平時不要吃米麵，改吃紅薯、玉米一類的主食。而且如果要控制體重的話，果汁也不要再喝。當天晚上在跑步之前我又產生了同樣的想法：要不要補充一下體力再去跑？或許因為當天和他討論過，我突然意識到：「我身邊的確有朋友到了用餐時間，如果不按時吃飯會低血糖，可是我自己從來沒低血糖過啊！」

當我覺察到這個念頭，我意識到：其實，每次跑步前都是我的大腦想吃，並不是我自己的身體需要。我的大腦編了一個「我可能在跑步時會血糖過低」的理由騙我去吃點東西——而這個理由讓我吃起來毫無心理負擔。

想一想，我們平時會編造多少理由，讓自己不去做應該做的事吧：

○ 我今天很累了，完全寫不出東西。

○我寫作水準太差了，寫出來別人會笑話。
○學寫作幹嗎呢，又不賺錢。
○我是學理工科的，學不好寫作也正常。
○我還有好多事情，要不明天再開始寫吧。

其實絕大部分的理由，不過是在合理化、正當化自己的懶惰而已。當每一個念頭冒出來的時候，多問自己一句，結果就很有可能不同。比如，當我覺得我有可能血糖過低時，我問自己：「我曾經發生過血糖過低的狀況嗎？」——沒有，我從來沒有血糖過低。另外，其實也有應對低血糖的方案：以後我跑步的時候擔心血糖過低，可以在口袋裡放一塊糖，就可以解決自己這個擔憂了。

跑步給我的啟示是，其實我們大部分的擔憂，都是自我限制。而這個小小的擔憂，卻曾經影響了我好幾年。如果有了更高的覺察力，這些無謂的擔憂都可以從頭腦中清除，然後心無旁騖專注在自己當天要做的事情上。

絕大多數的自我限制，都是我們自己心智模式，或者說「信念」的外在呈現。我們對客觀世界的認識，全都由自己的心智模式決定——你相信什麼，這個世界就呈現什麼。

絕大多數情況下，你都是因為自己的信念，限制了自己的成長。

學習的阻礙超出你的想像

我曾經有一位學員，他在一家傳統企業工作，朝九晚五，即將奔四。學歷不錯，研究生畢業後當了五年公務員，之後來到這家企業，工作至今。為方便描述，下面稱他為「山」。

過去這一年，山的精神狀態跌入谷底，體重一百公斤的他去醫院檢查出患有高血脂、高血壓；這時候，山開始找健身教練，因為怕死，減到了八十公斤。

一年前，他曾在「在行」約見過小能熊學院的陳華偉老師，陳老師向他詳細講解了如何做心智圖、使用Evernote，講完課就把心智圖匯出來給他，也給了他學院的會員資格，可以聽線上課程。他覺得很酷，但回去之後，他拿著那一張心智圖卻無從下手，雖然時不時也會聽幾節課程，可是自己一直沒有動手。雖然有第二次約見的機會，但因為自己一直沒有學會如何做心智圖，心理壓力很大，一直不好意思再去約見陳華偉老師。

我問他：「學習心智圖和寫作，你希望達到的目標是什麼？」

他愣住了。

我接著問：「你是不是從沒想過這個問題，你周圍的人也沒有問過你這個問題？」

他說：「是，從沒想過。」

沒有目標時，在看一部電視劇和看十頁書之間，你會很容易選擇看劇。因為要抵制看劇的誘惑去讀書，需要耗費的能量太大了，你扛不了幾分鐘的。

你需要找到你的目標。

過去小半年，他約見心理諮詢師，每週見一次，自己覺得有成效，於是推薦妻子去見諮詢師。到目前為止，他妻子也見了心理諮詢師一兩個月——可是，他並不敢告訴她，他已經見諮詢師四五個月了。

與我約見面的過程中，他不斷切換兩個帳號與我溝通。其中一個小號是私下用，另一個是「正常使用的樣子」。

「私下用」的微信號被他用來約見心理諮詢師，炒股，以及在「在行」約見我——因為薪資收入全都上交，告訴妻子自己私下約見老師，相當於承認自己有私房錢。

他說，有時候他妻子會調取行車記錄器的記錄查他的行車路線；會去聽裡面的錄音，聽完還會問他：你為什麼和你媽說這些？

他問我：「老師，你覺得可以用 Evernote 嗎？我妻子現在也在用心智圖，也學會了 Evernote。」

我說：「你問我這個問題，就表明你在擔憂這件事情。每次提筆寫東西，你都害怕被妻子發現，一旦害怕，你寫的東西就不足夠真實，在這種狀況下，我給你任何寫作建議都沒意義。這樣，我推薦你另外一個工具：石墨。你不要下載 App，只用線上版。每次寫東西的時候，都用線上版，然後去掉上網痕跡，這樣確保你在一個足夠安全的環境下寫作，只有這樣，你才可以更加敞開自己去學習，而不是被恐懼限制。」

你看，一個中年男性學習寫作的樣子，竟然像偷情一樣。

很多人，可能永遠都不知道是什麼阻礙了自己；我也不敢保證通過一次短短的諮詢就能找到問題所在。我能做的，可能就像醫生一樣，先給你把把脈，初診之後，開一服藥，一個星期後，看看你身上的症狀有什麼變化，基於變化，繼續調整。不斷重複這個過程，或許能找得更準一點。

不知道怎麼寫？不妨倒過來想

查理・蒙格曾提到逆向思維，其思考方式是：當你面對類似「如何幫助某國？」這樣的話題不知道怎麼辦適合時，你不妨想一想：如何搞垮某國？

只要避免去做「如何搞垮某國？」這一議題中的所有事情，你就在幫助某國。不做錯事，就是在做正確的事。

這樣一來，事情就變得簡單了。比如我能想到搞垮某國的點子有：

○ 把全世界所有罪犯都吸引來

比如，有犯罪記錄的人，可以拿到某國居民身分，而且犯下的罪行愈嚴重，給予的獎金愈高。

○ 把喜歡賭博的、吸毒的、酒精上癮的人都吸引來

歡迎世界上所有的富豪來某國興建賭場和吸毒俱樂部，給他們減稅，甚至免稅，這類企業的員工享受更好的社會保險待遇，享有更高的社會地位……

……

當然，剛才只是打個比方，我們說回寫作。

我在不斷教別人如何學習寫作，但是學習寫作這件事情很難，我很難保證你能學會寫作，但是我可以保證，只要做到以下幾點，你一定學不會寫作：

○不要閱讀。如果你買了書，千萬不要翻，如果你學會了裡面的知識，會遭人嫉妒，甚至當你說出了一些現實和真相，也容易遭人討厭。

○碰到任何問題，第一時間問別人。千萬不要自己去尋找答案，找答案太費勁了，而且往往花了半天時間還無果。

○千萬不要學習搜索，一旦你學會了這個技能，你會發現你腦袋中有太多錯誤的生活方式、工作方法以及錯誤的理念，而發現這些，會讓你原本舒適生活的平衡感被打破，這很痛苦。

網路上有段子說，豬的幸福感比較強，因為它們吃飽了睡，睡飽了吃，啥也不需要操心，每天都活得很開心。獲得幸福很簡單：像豬一樣。

○千萬不要去關心別人，只需要沉浸在自己的世界。沉浸在自己的世界裡，你可以寫

出最好的文字——你可以陶醉於自己堪比一流作家的文筆和思考深度。

○別人給你回饋，千萬不要聽！他們說話可難聽了，每一句話都在針對你。雖然你聽或不聽，對他們沒有任何影響。

學好寫作很難，學不好寫作卻特別容易。只要你完全實踐前面的五條建議即可。

祝你好運。

寫作：最好的自我成長方式

最近，有一位學員即將跟隨丈夫去德國慕尼黑長居，她是一位對外漢語教師，是大型外企指定漢語培訓機構的明星老師。對於去德國，她充滿了不安：她雖然英文很好，但德語才剛剛起步，離開了國內的環境，她需要重新積累客戶，比如找公司申請工作機會，繼續從事對外漢語教學，但語言和當地文化都是挑戰；當然，她還有另一種途徑——在網上寫文章，打造自己的個人品牌，積累自己的客戶，這樣就不依賴於線下機構的束縛。

對於如何在國外工作和生活，我沒什麼發言權，但對於打造個人品牌以及快速學習，我倒是有一些心得。在電話中，我給她分享了我的成長方式。

二〇一一年初，我辭掉當時的工作，花了將近兩年時間讀書與寫作。第一年是完全不工作，第二年雖然在工作，但實際上絕大部分時間都在讀書與寫作。之所以做出這樣的選擇，原因很簡單：在網路公司工作了三年，我對網路和科技產生了極大的好奇，但總有隔靴搔癢之感，對這個領域瞭解還不夠深入，於是準備系統性閱讀這個領域的圖書。讀的過程中，我產生了一個想法：如果能把讀到的東西再寫出來，那這本書就算讀到位了。為了確保自己把書讀到位，當時我要求自己每週至少寫一篇讀書筆記或書評，並且要讓自己的文章發表出去。因為我當時的女朋友在一家報社工作，報紙每週的副刊都需要有一篇書評，於是我每週寫一篇，既學到了東西，又發表了文章，同時，每一篇文章還能換一百塊錢稿費。

寫了兩個月之後，有一天我想，有沒有可能讓自己的文章在大一點的媒體上發表呢？這樣可以讓一篇文章在多個平台展示，這對我的個人品牌（是的，當時我就有了個人品牌這個概念）有更好的幫助。於是我嘗試著把自己的文章發給當時的網易科技主編帥科，私信問他說：「帥科你好，我最近寫了幾篇文章，請你看看適合發在網易科技嗎？」

很快他回覆：「有沒有興趣來開個專欄？」

這完全出乎我的意料。本來只想同步發布一下文章，結果收到了開專欄的邀請。稿費也從一百元一篇漲到了一千元一篇。收到邀請的那一天晚上，我幾乎徹夜失眠，極度興奮，腦子裡不斷湧現著想寫的話題——一個晚上，我列出來三十多個選題，把未來半年的選題都給列了出來。

在網易科技開專欄之後，我調整了寫作策略：我一直想把英文學好，也很喜歡國外的網路產品，而當時國內相關內容的文章還非常少，於是趁著這個機會，我把自己的每天的閱讀內容替換成了英文媒體和英文的科技博客。我在網站上訂閱了一百多家媒體的英文科技新聞和相關評論，每天花六到八小時細細閱讀。當時我每週寫一篇一千多字的科技專欄，為此投入的閱讀時間超過四十小時。

當時，為了把一個主題寫好，我會把相關關鍵字在搜尋引擎前三十頁的連結都讀一遍，在閱讀的過程中會刻意記錄幾件事情。如果某篇文章對該話題的闡述邏輯非常到位，我會把這篇文章的邏輯結構記錄下來；在閱讀每一篇文章的過程中，我都會刻意留意金句（也就是適合當開頭或結尾的句子），以及文章的「文眼」或主旨；此外，我還會格外留意搜集案例。有時候，我甚至會為了自己特別喜歡的一句話去寫一篇文章。比如科幻作家威廉·吉布森（William Ford Gibson）的「未來已來，只是分布不均而已」，還有麥克魯漢的「我們塑造了工具，最後工具又反過來塑造我們」，這些是我特別喜歡的句子，為此，我都專門寫過文章。我有一篇文章的標題就叫「我們塑造了媒體，媒體又反過來塑造我們」，對麥克魯漢這一句話，做了更聚焦的改寫。

這樣的高標準給我帶來了極大的好處：半年後，《彭博商業週刊》邀請我開專欄；再過半年，紐約時報中文網也來邀請我開專欄。曾經我的夢想就是成為一名專欄作家，而僅僅在開始寫作兩個月後我就成了專欄作家，一年以後，我就成了頂級媒體的專欄作家。

我和這位即將前往慕尼黑的學員分享完這段經歷，說：寫作有捷徑。最快的路就是最難的路，也是最笨的路。最笨的方法就是捷徑。

有時候我經常開玩笑說，我從來「不學習」。我只去思考我的產出目標是什麼，為了達到這個目標，在過程中就把學習給完成了。但學習不是重點，而是為了實現最終目標的必經之路罷了。我的這個寫作方法最早是受到了安替的啟發。

安替剛畢業時是無錫一家二星級酒店的總台服務員，後來成為《紐約時報》研究員，並獲得哈佛大學尼曼新聞獎學金，成為全球TED大會的演講人。目前只有三位中國人上過全球TED大會，安替便是其中之一。為了鍛煉英語，他每週約一個老外喝咖啡，每天翻譯一篇《經濟學人》的文章。連續翻譯四個月之後，他可以模仿《經濟學人》的風格來寫文章。這為他日後用英文寫報導、做演講，打下了非常好的基礎。

幾年後，我讀到《富蘭克林自傳》時，發現班傑明・富蘭克林的寫作法非常有啟示：他在兒時所受到的教育，只能讓他當一名普通的寫作者。後來，一個偶然的機會，他讀到一本英國雜誌《旁觀者》（*The Spectator*），並被雜誌中的文章深深吸引。

他選了幾篇自己喜歡的文章，然後寫下自己對每個句子的簡短描述，以方便他之後回想起句子講的是什麼，放置幾天後，他試著用自己想到的字詞來複述記下的摘要，並不斷努力寫得和原文一樣完整。

然後，他把自己根據提示詞寫出來的文章與《旁觀者》的原文進行比照，不斷修改。

經過對照練習，富蘭克林發現他自己的詞彙量並不如《旁觀者》的撰稿人豐富。這裡並不是指富蘭克林不認識那些詞，而是他無法在寫作時靈活使用這些詞彙。為了彌補這個不足，他又想了一個練習方法——寫詩。他認為，寫詩可以倒逼他想出大量不同的詞語，平時他想不到詞語，只有在需要與詩歌的韻律和聲律模式一致時，他才會努力在大腦中去「檢索」它們。於是，他把《旁觀者》雜誌上的一些文章改寫成詩句。改完之後，等他在記憶中完全忘了最初記下來的詩句和措辭，他再把詩句改寫成散文。

通過這樣的寫作練習，富蘭克林最終成了美國最受尊敬的作家之一。他寫的《窮理查年鑑》（*Poor Richard's Almanack*）和《富蘭克林自傳》（*The Autobiography of Benjamin Franklin*），都成了美國文學中的經典。

富蘭克林寫作法、安替的翻譯法，以及我完全從英文世界選擇材料再用中文來表述，這幾個方法有一個共同之處，那就是完全放下自己，把自己當成這個領域最無知、最愚笨、最淺薄的人去對待；你最重要的衡量標準，都是來自你的參照物件——找到這個領域最好的文章，模仿它，改寫它，然後成為它。

成年人的學習有一個最大的弊端：自以為懂了很多，經常按照已知去學習未知，按照既有模式和習慣去學習新的知識和技能，結果必然是失敗的。改寫（富蘭克林法）、翻譯（安替法）與拼貼（師北宸的做法），都是在完全按照模仿物件，且不需要導師回饋的基礎上，進行的能力自我培養與訓練。

二〇一七年下半年，我用五個月時間完成了二十三萬字「職場寫作課」文字稿和音頻課程。為了完成這一系列課程，我讀了一百多本書。一節十分鐘的課程，逐字稿大約兩千四百字，很多課程我都會超字數——經常寫四五千字，甚至六七千字。我對自己的要求是，每一節課，都要有二到三本經典書籍作為支撐。

我自己的英文閱讀速度從一開始的每小時只能讀兩三篇，逐漸提升到每小時能讀十篇。為了完成一個產出目標，我同時收穫了好幾個學習目標：英語的學習，以及科技領域圖書的深入閱讀和學習。

寫作目標與寫作計畫

逛書店的時候，總能看到村上春樹的小說擺在暢銷書位置或者書店最醒目的位置，但我從沒看過一本村上的小說。二〇一七年，因為要開設寫作課，我買了他談自己如何寫小說的《我的職業是小說家》，這本書給我很多啟發。

村上春樹說，他一旦開始寫小說，就會像開一個餐廳一樣，每天定點營業。在他看來，寫小說就是很簡單的計算題：每天伏案五六個小時，不管想寫還是不想寫，都寫上十頁，按每一頁四百字計算，一天大約寫上四千字，寫完停筆。規律性讓寫小說這件事情可控。一天十頁，一個月就是三百頁，半年就是一千八百頁，當年他寫《海邊的卡夫卡》時，剛好寫了一千八百頁，也剛好寫了半年。

很多人會覺得，這不像藝術家、文學家的做派，村上春樹更像是工廠車間的工人，每天定點上班，無論狀態好壞，都要交出同樣的產量，完成任務之後，睡睡午覺，聽聽音樂，讀讀書，再跑跑步。

然而，村上春樹的這種寫作方式給了我極大的啟發。二〇一七年下半年，我用五個月時間完成了二十三萬字的「職場寫作課」文字稿，並完成了音頻課程的錄製。在此期間，我還參考了一本學術寫作指導書《文思泉湧：如何克服學術寫作拖延症》，該書作者保羅·J. 席爾瓦的習慣是給自己製作一張 Excel 表格，每個月設定寫作目標，每天記錄自己寫了多少字數，並且每個月檢查自己是否完成目標。他還專門給自己一年的目標完成率做了統計，並做成柱狀圖，用來分析自己寫作完成情況（見圖5－3）。

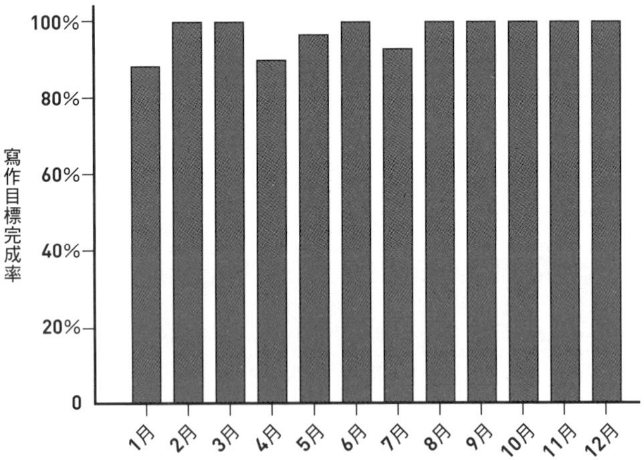

圖 5-3　過去 12 個月每月的寫作目標完成率

為了追蹤自己的進度，我也製作了一張 Excel 表格（見表5－1），每天寫完之後就統計一下字數。平均下來，我一週寫作四至五天，剩下的二到三天會外出，或者看看電影、讀讀閒書，讓自己大腦放鬆。

如果你覺得村上春樹這種做法操作起來有難度，那蔡志忠在創作的投入度上則稱得上「可怕」：在三十六歲時候，他盤點了一下自己手頭的積蓄：三套房子，八百六十萬台幣（約合二百二十萬元人民幣）的存款。他覺得賺到的錢已經足夠養活自己，於是立誓，要去做自己認為有意思的事情。他說自己最想做的是用漫畫畫盡所有的東方智慧，於是他一個人去了日本，待了四年，畫了四五十本漫畫。

表5-1 寫作計畫與完成表

日期	星期	字數	項目	計畫	實際執行	更新排期
2017年10月25日	星期三					3.1（16）
2017年10月26日	星期四	3800	職場寫作・速成指南		完成4.1	
2017年10月27日	星期五	3300	職場寫作・速成指南		完成4.2	3.2（17）
2017年10月28日	星期六	7200	職場寫作・速成指南		完成4.3&3.5	
2017年10月29日	星期日	3000	職場寫作・速成指南		完成3.4；中信書提綱	
2017年10月30日	星期一	3000	職場寫作・速成指南		完成4.4	3.3（18）
2017年10月31日	星期二					
2017年11月1日	星期三					3.4（19）
2017年11月2日	星期四					
2017年11月3日	星期五	2638	職場寫作・速成指南		完成5.1	3.5（20）
2017年11月4日	星期六	2583	職場寫作・速成指南		加餐5	
2017年11月5日	星期日	5255	職場寫作・速成指南		加餐6	
2017年11月6日	星期一	6749	職場寫作・速成指南		完成5.2、5.3	

日期	星期	字數	項目	計畫	實際執行	更新排期
2017年11月7日	星期二	5302			完成 5.4	
2017年11月8日	星期三					4.1（22）
2017年11月9日	星期四					
2017年11月10日	星期五					4.2（23）
2017年11月11日	星期六	2838	職場寫作・速成指南		完成導讀	
2017年11月12日	星期日	4685	職場寫作・速成指南		完成 5.6	
2017年11月13日	星期一					4.3（24）
2017年11月14日	星期二	2025	職場寫作・速成指南		完成 6.3	
2017年11月15日	星期三					4.4（25）
2017年11月16日	星期四	4630	職場寫作・速成指南		完成 6.4	
2017年11月17日	星期五	4718	職場寫作・速成指南		完成 7.1	
2017年11月18日	星期六	3715	職場寫作・速成指南		完成 7.2	
2017年11月19日	星期日					

他在東京的酒店裡不和人接觸，常常連續很多天不出房門，甚至創下了連續四十二天不出門的紀錄。他說自己的工作區間只有四平方公尺：一張桌子，旁邊一張床。工作累了就睡，睡醒了就起來繼續工作。一年三百六十天都在工作，除夕夜，別人在放鞭炮吃年夜飯，他則在工作室裡加班。

他說：「當我工作起來，我感受不到時間，時間就像水一樣流過我的身體。如果你體會過了你與時間同在的那種感覺，你也絕對不會為了錢而去工作。」

寫作訓練營每週都有答疑直播，有時候會有學員問：老師，每天學習寫作，應該投入多少時間合適呢？我的回答經常是：（空餘時間）有多少，扔多少。

當然，我相信蔡志忠老師的工作方式，對絕大多數人而言是不適用的。在《生命・覺者》的訪談中，他說自己從三歲半的時候就開始思考這一輩子要做什麼，想了一年之後，在四歲半時他想通了：這輩子要畫畫。然後到三十六歲時，他投入所有精力去做自己想做的事情。

寫作者和文字之間的關係，就像老夫老妻一樣——每天老見面會有點煩，還時不時拌拌嘴。但是如果有一段時間沒見呢，又挺惦記對方，就想有事沒事兒說說話，和對方一起看場電影。

日常增加一點儀式感，能和對方建立更深的連接。因此，你也可以試著給自己定下寫作的目標和計畫，認真執行，和文字建立起連結，並加深對文字的信任。

附錄

寫作的「心法」和「技法」

14天職場寫作訓練

第一週／正式書面寫作			
	主題	練習內容	自我評價
第一天	用金字塔原理搭建結構清晰、資料有力的工作報告	用數據、案例量化日報和週報	
第二天	遠離兩大誤區，讓工作規劃不再流於形式	拆解下周或下月最重要的一項工作	

第三天	發言稿/演講稿的三個重點	為分享稿擬一個精彩的標題和開頭	
第四天	簡明扼要會議記錄的核心四要素	根據材料完成會議記錄	
第五天	用作品說話，寫出一百二十分的簡歷和自薦信	通過細節量化簡歷中的「工作經驗」	
第六天	寫作時注意力不集中，習慣性拖延怎麼辦？		
第七天	讓大咖、牛人主動幫你的三個技巧		

第二週／非正式書面溝通

第二週／非正式書面寫作			
	主題	練習內容	自我評價
第八天	扔掉千篇一律的自我介紹，用「對比衝突」吊胃口	寫一份不超過五百字的自我介紹	
第九天	如何聰明地提反對意見？用「三明治溝通法」打頭陣	根據材料，區分觀察、感受、評論	
第十天	向主管回饋工作難點，選擇題更有效	針對工作中的困難，從自身和公司角度分析原因	
第十一天	如何讓費用申請快速通過？先想好價值與回報	以報銷學費為例，列出三個你能為公司帶來的價值與回報	

第十二天	如何更有底氣地跟老闆談升職加薪？	從工作成就、獨特性、他人認可角度，列出跟老闆談判的三個理由	
第十三天	表達沒邏輯？怎樣突出重點、敘述有條理		
第十四天	三步建立個人品牌，讓你自帶傳播力		

寫作的底層邏輯

○邏輯闡述

寫作的表面價值：一篇文章

寫作的隱藏價值：一篇文章，以及它背後的一群人。讀文章背後的那一群人是其價值真正所在。如果寫一篇文章價值〇・一萬，對文章背後那一群人的洞察價值為九・九萬。

○誤區

很多人只看到一篇文章本身，卻忘了文章背後的價值。就好像很多人用產品成本去計算產品價值。

○文章構成

情緒 > 人設 > 專業

情緒：一句話擊中讀者

- 社會情緒
- 特定人群的情緒
- 一個人能代表相似的一群人

○人設

個人品牌的識別性，讓人對你輸出的內容更加認可

不符合用戶心智的形象，很難讓人信服。寫作也如此。

○專業性

專業性來源於大量的積累。一千字的輸入要有十萬字的輸入。

很多人只學皮毛，學會了引導用戶情緒，以及給自己打造人設，卻忘了基本功的積累。

一篇文章的專業性是一切的基礎，但如果只有乾巴巴的專業內容，沒有情緒和人設的鋪墊，酒香也怕巷子深，文章很難推廣；相反，如果沒有專業性，只有人設和情緒，則是嘩眾取寵，遲早會被受眾唾棄。專業性是基礎，情緒和人設則是錦上添花。

寫好簡歷的4大技巧

○ **技巧1：**

研究目標公司的特點，投其所好

○ **技巧2：**

避免寫出像「說明書」一樣的簡歷，用2/8法則放大你的經歷

小技巧：重點突出你的某個經典案例。

○ **技巧3：**

寫上前老闆、同行、權威專家對你的評價

○ **技巧4：**

成為目標公司的超級使用者，產品重度使用者

找你熱愛的公司、熱愛的產品。杜絕千篇一律的簡歷，突出你的優勢，日常攢人品，獲得老師、老闆、同行對你的好評。

工作彙報的3大原則

○原則1：站在老闆的角度思考

○原則2：目標明確，直指結果，注重過程

○原則3：學會進度管理

方法：早計畫，列優先順序，晚復盤

早計畫：每天早上列下當天的任務，並給每一項任務標上重要優先順序

列優先順序：一個月、六個月、三年

晚復盤：記錄每天工作收穫，並反思工作中的錯誤與教訓

工作報告首先是寫給自己的，然後是給老闆的。你的工作要給自己一個交代，同時給公司和老闆一個交代。

用故事表達你的觀點，好故事的六大要素

○社交貨幣：在社交中可以交流與流通的「談資」

作用：吸引人往下讀

○懸念：只講一個開頭，但是不揭示謎底

什麼時候揭示謎底呢？最後。

作用：一直吊著讀者的胃口，吸引讀者往下讀。

○誘因：給用戶一個刺激，引發對方一個反應

○情緒

情緒分為「正面情緒」與「負面情緒」，即所謂的「正能量」和「負能量」。此外，還有高喚醒情緒與低喚醒情緒。

○公共性

○實用價值

後記

感謝寫作，我的底層學習驅動力

查理．蒙格說：「我這輩子遇到的聰明人，來自各行各業的聰明人，全部都是每天閱讀的人。巴菲特讀書之多，我讀書之多，可能會讓你感到震驚。我的孩子們都笑話我，他們覺得我是一本長了兩條腿的書。」

每年，哥倫比亞商學院都會送學生到波克夏．海瑟威公司的所在地奧馬哈，與校友巴菲特聊一聊——其實就是向巴菲特學習。這些學生和巴菲特聊完之後，得到的建議出奇地一致：巴菲特建議他們每天至少讀五百頁的書。閱讀的內容要包羅萬象，不要僅僅局限在商業和金融領域，更多的是讓自己的好奇心來決定閱讀內容。

HBO電視網拍攝的紀錄片《成為華倫．巴菲特》中講到，巴菲特每天的閱讀時間超過六個小時，他說他每天八〇％的工作時間都在閱讀。在閱讀的時候他把辦公室的門關上，不想和別人交流，也不想被打擾，就想一個人靜靜地待在辦公室閱讀。

在《成為華倫．巴菲特》中還有一個小故事，紀錄片導演去採訪比爾．蓋茲，問蓋茲與巴菲特最初是如何結識的。蓋茲說，最早他父親和他說：「有一位做投資的叫巴菲特，你得認識一下他。」蓋茲說：「一個搞投資的，我見他做什麼？我不喜歡這類人。」蓋茲父親說：「你去見見，他和其他人不一樣。」於是蓋茲勉強答應了，還補充說：「那就只吃一頓飯啊，別花太多時間。」

後來，蓋茲的父親安排蓋茨和巴菲特一起吃飯。剛聊了沒多久，他們就成了特別投機的朋友，吃完飯後，他們還聊了好久。這個過程中，蓋茲的父親分別給蓋茲和巴菲特一張卡片，並讓他們在卡片上寫一個詞，描述究竟是什麼特點成就了自己。寫完之後，他們把卡片翻出來，結果他們寫的詞一樣，這個詞就是專注。

我非常感激查理．蒙格和巴菲特，如果不是因為看到他們的故事，我很難在創業初期竟然能堅持每天「扔」一半的時間在閱讀上。在我認識的創業者之中，我沒有看到「扔」一半時間去閱讀的。別說一半時間，每天雷打不動讀兩小時書的都不多。很多創業者處於很大的焦慮、壓力、激動、興奮之中，讀書需要平靜的心境和相對安靜的環境，這對於每天「廝殺」在戰場中的創業者而言，是非常奢侈的狀態。

如果不是查理．蒙格和巴菲特，我真的做不到。他們用自己的實際行動告訴你：他們真的在這麼做。雖然我無法去他們身邊驗證這件事，但我相信他們說的是事實。如果最成功的人，的確是把自己絕大部分時間「扔」在閱讀上，我覺得我可以去模仿他們。慚愧的是，我只是偶爾能做到一天讀五百頁書，大部分時候，我只能讀二百到三百頁，只是巴菲特建議的閱讀量的一半。我希望我能逐漸做到，他給哥倫比亞商學院學生建議的閱讀量強度。

二〇一八年四月二日，在創業兩週之後，我在客廳裡寫下了我們公司的願景：讓每個人擁有一技之長。然後，我花了兩個晚上對這句話做推演，簡化之後的推理過程是這樣的：

如果一個人有一技之長，在物質上，他能有一份養家糊口的工作，起碼能有一個體面的生活；如果他的能力比較強，或許能過上中產生活，甚至走向富裕。在我們這個時代以及未來三五十年，任何一個行業頂級的手藝人都可以過上非常體面的生活，受人尊敬，而且這個過程不需要任何潛規則。

如果一個人有一技之長，在精神上，他不太容易得憂鬱症或其他較嚴重的心理疾病。無論他喜歡寫作還是烹飪，或者是種種花草、做做設計，他能從一個小手藝中找到樂趣，並投入進去，當他有負面情緒的時候，沉浸在一門手藝之中就是非常好的心理療癒手段，最關鍵的是他不會將負面情緒傳遞給周圍的人，他與周圍人的關係也會變得更健康、更融洽。當他在技藝上達到一定的程度時，周圍的人會發自內心認可他、誇讚他、尊重他，他也能憑此獲得極大的自我滿足和成就。那麼他在每一天的生活和工作中，會有更多快樂和幸福的時刻，而快樂和幸福也會感染身邊的人。

此外，在市場上，按理來說本應該培養合格的、優秀的手藝人的學校——技校和高職，其實並沒有真正培養出一個人的手藝，他們培養的更多是「工作機器」，即工具化、功能化的人，只是把手藝當作賺錢的方式。而且這一類院校在社會上的標籤是「考不上大學才去的地方」，這一類學校沒有得到應有的認可和尊重，不僅它們的老師沒有高的社會地位或得到認可，去這一類學校的學生也被社會打上了「二流人才」甚至是「三四流人才」的標籤。最可怕的是，當你給自己打上這個標籤的時候，你對自己是極大的否定。

可是，在美國、日本、德國，一個手藝人、一個藍領工人的社會地位，得到的尊重和認可，和白領是相同的，他們並沒有高低貴賤之分，很多人並不想去讀大學，而更願意去技術學校學好一門手藝。

馬雲的夢想是「讓天下沒有難做的生意」，當馬雲的夢想實現之後，那意味著如果我們都去做生意，而且生意交易成本足夠低，那麼接下來面臨的問題是——賣什麼？你的產品和別人的產品有什麼不同？有什麼獨特的優勢？

產品，只能由手藝人來創造，只能由擁有一技之長的人來創造。這不是說要倒退回手工業時代，它的意思是，所有優秀的產品，最初都來自某一個或某幾個手藝人。微信的早期團隊，只有十個人；蘋果開發第一款產品時，只有賈伯斯和沃茲尼克；臉書的第一個版本，是祖克伯一個人在宿舍裡開發出來的。新東方最早也只有俞敏洪、徐小平、王強等幾個老師刷電線杆貼廣告、講課。這些人都是從一門手藝開始，然後基於這一門手藝，構建出自己的商業帝國。

如果你並不想成為企業家，但你有一門手藝，你可以選一個你喜歡的公司、選一個你喜歡的老闆、選一個你喜歡的客戶，告訴他們，和你合作需要接受你的價碼，你告訴他們和你合作需要尊重你的工作習慣，你告訴他們，晚上八點以後不工作、不回微信，週末要出去玩。只要你的手藝夠好，你不一定能一〇〇%按照你的意願生活和工作，但至少能做到八〇%吧？我現在看到很多人連二〇%的掌控都覺得好難。如果有一門手藝，你是可以掌控自己的人生的。

過去十年，我放棄了非常多的機會，或者說放棄了眾多的誘惑。我在鳳凰科技做主編的時候，獵頭打電話介紹新浪、360等大公司特別重要業務線的公關總監或市場總監的職位，而我選擇了去一家當時只有兩百人的新創公司豌豆莢，當時我的直屬主管是市場經理，所以我其實就是市場專員吧。我在公關公司時，一年就能做到年薪百萬以上，後來我選擇從零開始製作課程，沒有任何穩定的收入，也放棄了自己在行業裡積累多年的「高端人脈圈」，只是為了滿足自己做產品的心願。我知道，我自己有手藝，我可以選擇隨時回去，我也可以選擇自己去做點東西。因為有手藝，我對自己的人生擁有選擇權，這些選擇都是實實在在的。

蔡崇信放棄了五百八十萬年薪，加入阿里巴巴領五百元工資。後來阿里巴巴的故事你也知道了，他獲得了大於五百八十萬年薪若干倍的回報，成為阿里巴巴的二號人物。馬雲自己說過，能取得今天的成就，最感謝四個人：孫正義、楊致遠、金庸、蔡崇信，如果非得選一個最感謝的，那就是蔡崇信。

馬雲沒有挖他，他太貴了，不敢挖，也怕害了人家。但蔡崇信想得很清楚：「如果在你這裡沒幹成，我依然能回去做年薪五百八十萬的工作。我的損失是一年五百八十萬，這個上限是確定的。可是如果錯過了阿里巴巴的機會，損失的上限是不確定的。」

我有一門手藝，我特別知道自己放棄的是多少上限的機會，而我所投入創造的，是無法預知多大上限的。我有非常強的工作原則，我十分內向，且討厭基於搞關係和送回扣的生意關係，我討厭壞人——請原諒我用這個詞，在我的字典裡，人有善惡好壞之分，我理解很多人作惡的動機、背景，但善惡是有別的。此外，我還喜歡好東西：好的電影、好的音樂、好的物件。如果不小心買到、看到爛東西，真的很不喜歡。好東西，只能靠花心力以及很好的審美與品味，去一點點製作出來。我不想被別人噁心，自己也時時告訴自己不要做噁心別人的東西。

我喜歡經緯創投張穎在混沌大學演講的主題——在人生十字路口，我選擇愛恨分明。他對曾經幫助過他的人，要十倍地去回報；但是對那些傷害、消耗他的，他有自己的黑名單，在可選擇的時候，堅決不和黑名單中的機構合作。

巴菲特說，他完全不關心華爾街和分析師們怎麼看他，但他很關心股東們怎麼看他。我完全不在意與我無關的人怎麼看我，我很在意我的家人、團隊、用戶、夥伴怎麼看我。

我的行事風格和做事原則在公司內部極度公開和透明，我們努力憑自己的本事去賺每一分錢，不動歪心思，不走旁門左道，在創業過程中我們的確有很多事從零學起，我會如實告知是否可以合作共事，雙方自主選擇。在這個過程中，我努力把事情一件一件規範起來。

我特別感謝在創業過程中讀到了微軟第三任CEO薩蒂亞．納德拉的《刷新未來》（*Hit Refresh: The Quest to Rediscover Microsoft's Soul and Imagine a Better Future for Everyone*）。他說很多企業家都是在退休之後再寫書，為自己這一生「蓋棺定論」，他說他雖然剛剛上任，事務極為繁忙，但他要把這本書寫出來，因為他要重新找回微軟的靈魂，要推動微軟進行變革，而這本書就是他推動變革的一部分。這本書可以影響微軟所有的員工、合作夥伴以及客戶，他要通過他的書去傳遞他的理念。他讓我極為敬佩。出書對他而言，並不是為自己留一個好名聲，他是行動者、變革者與實幹家，他要通過出書來幫助自己去實現變革的想法。

受到納德拉的啟發，我也告訴自己一定要在創業初期把這本書寫出來，我想通過這本書傳遞我做人做事的理念。按照計畫，這本書應該更早一年出來的，在寫書期間，我接了幾門課程的製作，忙著籌備線下課，以致這本書中途擱置了一段時間。非常感謝我的編輯曹萌瑤對我的體諒和理解——在此期間，我的確面臨很大的壓力，她如果瘋狂催促，會讓我覺得更加愧疚，也會有更多的焦慮和壓力。

二〇一九年，她開始在中信出版社內部創辦自己的工作室，堅定地要把我的書約帶出來，並重新走完了審核流程（我這本書的書約因為拖延太久，在社裡需要重新審核）——在我不知情的情況下。中間的波折她自己搞定，然後只是告訴我一個結果。在此期間，有不少出版社來找我，希望出版我的作品，我一度也考慮過，要不把我的某一門課程整理成逐字稿。後來我也約萌瑤聊我的想法，還沒說出口我就覺得羞愧。答應了她的書約在先，還沒完成這一本書，就想著其他書，非常地不負責任。而在整個過程中，她很認真讀了我的書稿，她知道如何去策劃和行銷，而且給出非常具有誠意的條件，每一個細節都是所有找我談合作的編輯中為我考慮最周到的人。對此，我極為感激，感激她的理解、體諒、包容、信任與支持。我也很開心，終於可以把書稿交給她了。

感謝我的父親師重先，感謝我的母親何玉梅。我在開始創業之後，才逐漸發現自己身上的天賦，這些都是我的父母給我的禮物。我感謝在我成長過程中他們對我的「放養」，很少評判我的是非，尊重我做的每一個決定，哪怕我的決定他們不喜歡，這是我感受到的他們對我付出的愛。我媽媽並不是一個脾氣很好的人，但是她把最大的體諒和包容給了我。我爸爸承擔了家庭的責任和壓力，這是我做得不好、仍然要向他學習的地方。

我還要特別感謝在我創業前以及創業後給我無限支持的April，她經常對我直言不諱。我總是事後才反應過來，原來她對我的提醒是對的，而我卻經常陷於自己的情緒——憤怒、自責、內疚之中，沒有做到客觀看待自己。我在書裡寫到的「痛苦＋反思＋行動」，更是我自己需要不斷修煉的。當我痛苦的時候，我是否能客觀、理性、準確去判斷自己的行為。

我要感謝我的合夥人高潔，在我談到我的創業想法的時候，她無條件地信任我並全身心地支持，過去好多年她都在北京工作，我說我想在南方找個地方開始，想暫時遠離一下北京。本來我還想了好多的話術，去想要怎麼說服她，結果我剛一提出這個想法，她立馬答應：「好！」我吃了一驚：「好？」她說：「好。」後來她朋友很吃驚：「你都沒想過，自己要被騙了怎麼辦？」她說：「還真沒想過。」我們決定一起去長沙開始創業時，不過只聊了三四次而已。

在創業的過程中，我時而亢奮，時而低落，有時候想法特別多，有時候想法變得又很快，很多意見也都聽不進去，還特別驕傲、自負。我如果有一個分身，肯定忍受不了自己。很奇怪，她都能接受。我以前對於找合夥人有兩個判斷標準：價值觀一致，能力互補。和她搭檔之後，我加了第三條：重大人格缺陷不衝突。我甚至認為，第三條要放在第一，這三條標準的順序應該是：重大人格缺陷不衝突，價值觀一致，能力互補。創業找合夥人和生活中找伴侶有很多相似之處。這三條標準，也適用於找另一半。

如果你去觀察這個世界上最有成就的企業家們，他們往往擁有極大的人格魅力，但與之對應的是，他也有一定的人格缺陷。能做出偉大產品的人，都有一些普通人無法理解、無法接受的特質。他們在創業征途中，通過與互補的合夥人合作，充分發揮自己特長，以及努力避免自己的人格缺陷產生重大破壞力，從而創造出自己的事業。我很感激，我的合夥人高潔能接納我的特質，我也很慶幸，我們非常符合這三個條件。

我還要感謝在早期創業中加入我們團隊的清風，她最開始從武漢跑到長沙來我們團隊實習，加入之後幾乎就沒日沒夜在工作，有時候工作到晚上三四點回去洗個澡之後，早上七點多又開始第二天的工作，加入團隊後前兩個月只完整休息了一天。她畢業後去深圳待了幾個月，後來又來到北京，再一次加入我們團隊。我們的合作夥伴曾經給過一句評價：「在十點讀書幾萬個社群中，唯一在閉營之後依然有高品質的討論內容的，只有師北宸寫作訓練營。」而這個項目幾乎是她獨自負責的。剛剛畢業取得這樣的成就，是足以算作職業生涯里程碑的。很感謝她，即使很不適應北京的生活，還是加入了我們這家在北京的公司。

很感謝我的前同事、曾在微軟任職的陳佳，在我創業初期對我的幫助，她是我們第一個客戶。很榮幸，因為她，我們第一個客戶就是全世界市值第一的公司的員工。我曾經做砸過項目，她依然理解和體諒了我。這對我非常重要。

感謝三節課的三位創辦人 Luke、黃有璨、布棉。三節課的三位創辦人是我最早認識的同路人，他們走在我前面，為我樹立榜樣、給我激勵。他們初心不改，是真正想做教育的公司。在創業前 Luke 說我很敏感，是一位好的產品經理，這給了我極大的力量和信心。而那時候，我還沒有完整做出過一款產品。

感謝我的好朋友和合作夥伴李朝軍，他總是替我操心我們公司是否能賺錢，不斷介紹投資人、人才、合作方給我認識，他比我還擔心我們公司賺不到錢。他答應要為我做的事情沒做到的時候，總是特別不好意思地說抱歉。真是一位特別真實、單純又可愛的人。

感謝我的好朋友和合作夥伴 Kyle，最早我們因合作認識，他邀請我錄製影音課、去他的線下課做客座講師，我的線下課他是第一個支持者，而且自掏腰包來報名。在一起合作半年多之後，有一次高潔去拜訪他，他極為真誠地說：「像師北宸這樣的人，值得被更好地對待。」聽到這句話，高潔一下子就繃不住了，我在電話裡聽到高潔給我的轉述，也感動得不行。他花了一下午時間，完全從我們公司的角度以及我個人的特點給我們設計商業模型。他永遠都站在我的角度為我考慮，而且極為務實，這一點是我極為欠缺的。

還要感謝我們早期團隊的高亞輝，以及一年後加入我們團隊的世靜。高亞輝在三個月內做了上千頁的 PPT，經常熬到半夜三四點，被我虐得很慘。總之，我和高亞輝之間有一種非常奇妙的感情連接。世靜一開始不太適應我們的工作方式，但她擅於接納不同意見，又極具反思精神和自我成長意願。這個品質令我們團隊其他人都非常佩服她。

感謝加入我們團隊的實習生于金卉、李靡洛，第一次見於金卉我問她是哪裡人，她說：「山東人，山東人的特點就是能吃苦。」我一聽就笑了，這也太實誠了。李靡洛後來離開了我們團隊，但依然時不時會來辦公室。她情商極高，和工作了十年的合作方打交道也能應對自如，這讓我非常驚訝。

非常感謝最早支持我的學員吳蕾。二〇一七年二月十九日，我第一次線上上開寫作課，她是那兩百多人中的一員。從那之後，我開設的所有課程她都來參加，並且一直支持。

謝謝李翔，我們合作的閱讀訓練營合作老師，他讓我發現了自己在迴避什麼。感謝浩之，他讓我瞭解到一個人的精神世界竟然可以如此豐富。感謝吳雪鈺、吳翠、懷左，在我們創業之後對我們的支持。感謝寧峰，每次去見合作夥伴都會想著幫我。

非常感謝為寫作訓練營給予了極大幫助和支持的郎宇、徐海瑜、江武墨、劉忻怡、燕子、和莉莉、三小姐、小朱班納、紀霓、張敏。郎宇的充分信任，讓我倍加珍視並督促我更加努力；徐海瑜的認真和系統化考量，給我打開了思考的一扇門；江武墨是一個特別簡單乾淨而又極度自律和勤奮的人，他用行動感染了特別多的人；劉忻怡極其認真、負責、理性、客觀，對推進新事物抱有極大熱情又在工作上一絲不苟，她的優點很多都是我不具備的；謝謝燕子一直以來的充分信任，她學歷不高，可是比很多博士更有智慧；和莉莉的洞察力極為驚人，而且還有自我反思能力，每一次見她都能發現她的高速成長；三小姐特別真實、善良、愛恨分明，而且擁有令人驚歎的想像力和創造力；小朱班納極其認真、上進，他是「用作品說話」最好的代表；每次見紀霓，我都調侃她是一個「棉花糖」，外表溫和很有親和力，對待工作卻非常有想法和拼勁；感謝張敏，我們雖然溝通並不多，但她讓我更好地意識到自己的問題，而且非常真誠地在幫助我。

感謝寫作訓練營的所有助教和班組長：

咕嚕，小黃叔，姣子，劉利，張巧，米爵，沈飛，鏡子，希圓，大貓，小雪花，小迷糊，vurst，劉洋，熊七夕，妙，綰心，小扎克，羅馬假日，深海游魚，張哥哥，董岳洋，小蔥哥，君臨天下，貓尾草，小葉子，小苦瓜，小歡喜，Lika，iPencil，許願，李青，千林一葉，薰衣草，Nova，唐文婷，韓大楠，源源媽，燕然，風來了，肖瀟，夢凡，愛上老鼠的貓，悶悶，馮斯奮，減減，小舟，伊文，Maggie，W先森，程豔平，射手座的魚，大頭敏，塽塽，八月，周琴，power＋，蘭欣，聽，思滿，陳林，那呀，一森，糖小糖，嵐嵐，牧靈，惠菊，溫暖暖，韓青，Reena，文文文，老狼，芝麻大醬，悅悅，小天，薩曼莎，涂文娟，京雯，丹丹，郭海波，熊滾滾，甲子心覺，鄭梅華，常笑，格半，竹一刀，夏夏，Isabelhong，向晚，魏建波，喬喬，張麗琴，吳蕾，羽美人，小小，林福紅，元氣少女，木才，抖腿，Lulu，李桐，麾麾，劉壯實，李小萌，Lanny，獨善，羊先森的羊，爛書，彩虹，西西，河陰石榴喬，清語，夕語，Annie，蘭德，逆流而上，橫掃千君，苦茶非苦，喬悉，Andy，風，小雲兒，Jane簡，王耳朵先生，莉，五月多，CJ，榮，八百里赤赤，winny，彩霞，國，慫苞穀，暢姐，沙門空海，張瑩瑩，斯偉，小灰灰，羅抱抱，動物園先森，雷二，大新子，張小娟，夜小問，季恒，鵝卵石，張曉瑩，許桂然，賈魯娜，韋詩銳，mandola，曉潔，楊瑞橋，吳小丹，小白菜，佩璐，李德燦，俐俐，張晶晶，瀾滄月，岳邦瑞，娟娟，Shertin，董航，小仙女要炸，嵐，小游，星子，丫頭小悅，泡的米飯，veryyang，郭慶軍，張蔚，嚴秀玲，sunshine，吳霄，Alina 醬在東京，昕昕，惠菊，Leon.t，劉江濤，文婷，大焦，晨曦，寒木，雙人魚。

還要感謝以下所有在我創業過程中提供過幫助的合作夥伴：網易公開課的文處萄、穎敏、扣舷，精雕細課的鄭廷鑫、徐升、Yolanda、溫涼，三節課的餅餅、Elise、小白、阿貴，愛德曼的 Joy 宋倩，春光裡資本的 Julia，對外經貿大學的錢愛民校長、劉城老師，人人車的韓迪，玄鳥公關的張立競、賴潮森、趙暉，飛拓公關的 Megan，廣聯達的于興華、羅旋，一塊聽聽的李笑來、糖糖、吳月喬，在行陳怡靜、暖暖，Evernote 的王儲，十點讀書的位婷，喜馬拉雅的王家瑋，樊登讀書會的水母，CCTalk 的劉佩，今日頭條的囡囡，知乎的宋榮榮、王柳浩，36氪的張薇，360南瓜屋的覃豔、楊華，微軟的 Lily。還有合作方——深圳壹境聯合辦公空間的陳振宇、羅曉蓉，空體合作的負責人楊微，深圳 UTCP 深圳灣國際創意孵化中心的陳雨潤，上海奕橋|BRIDGE +的 Sarah。

Job
007

讓寫作成為自我精進的武器
透過寫作，打造個人影響力，讓機會自動找上你

作　者	師北宸
執行長	陳蕙慧
總編輯	魏珮丞
責任編輯	魏珮丞
行銷企劃	陳雅雯、余一霞、尹子麟
封面設計	許紘維
內頁設計	兒日設計
排　版	JAYSTUDIO
社　長	郭重興
發行人兼出版總監	曾大福
出　版	新樂園出版／遠足文化事業股份有限公司
發　行	遠足文化事業股份有限公司
地　址	231 新北市新店區民權路 108-2 號 9 樓
電　話	(02)2218-1417
傳　真	(02)2218-8057
郵撥帳號	19504465
客服信箱	service@bookrep.com.tw
官方網站	http://www.bookrep.com.tw
法律顧問	華洋國際專利商標事務所 蘇文生律師
印　製	呈靖印刷
初　版	2020 年 08 月
定　價	380 元
ISBN	978-986-99060-2-9

國家圖書館出版品預行編目（CIP）資料

讓寫作成為自我精進的武器／師北宸著，── 初版 ──
新北市：新樂園出版：遠足文化發行，2020.08
344 面；14.8 × 21 公分 ──（Job；7）

ISBN 978-986-99060-2-9（平裝）

1. 自我實現／ 2. 生活指導／ 3. 寫作法

177.2　　　　109009482